Le procès de Jésus

Matthieu 27, 25 à la lumière de l'interprétation juive de l'Écriture

Religions et Spiritualité

fondée par Richard Moreau,
Professeur émérite à l'Université de Paris XII
dirigée par Gilles-Marie Moreau

La collection « Religions et Spiritualité » est généraliste et publie des ouvrages qui concernent tous les grands courants religieux : christianisme (catholicisme, orthodoxie, protestantisme), mais aussi bouddhisme, islam, judaïsme...

Elle couvre différentes disciplines : théologie, histoire, spiritualité, droit canon, essais et témoignages.

À travers la multiplicité des approches et des styles, elle souhaite étudier le fait religieux aussi bien sur le temps long qu'autour des débats les plus actuels.

Dernières parutions

Elefthérios ANYFANTAKIS, *La théologie de l'unité chez les pères apostoliques. Clément de Rome, Ignace d'Antioche, Pasteur d'Hermas*, 2023.
Arnaud Guy AGBOSSAGA, *Les défis du salut dans l'Eglise catholique au Bénin. Le cas du phénomène Banamè*, 2023.
Bernard NARBEY et Guy SICHLER, *De la ferveur religieuse des gens du Haut-Doubs. Des manifestations de l'esprit religieux, d'autrefois à aujourd'hui*, 2023.
Thibault DE VALROGER, *Conversation sur la Foi,* 2023.
Judith GUERRY, *Le Temple de Jérusalem. Héritages*, 2023.
François BATUAFE NGOLE, *Évangiles synoptiques. Introduction à la lecture scientifique*, 2023.
Gloria Youssef DOUAIHY, *Sexualité et vie consacrée*, 2023.
Allégra Maurice KOUASSI, *Congrégations ivoiriennes en France. Apostolats, conditions de vie et de travail*, 2023.
Michel SIMION, *Par la mort Il a vaincu la mort*, 2023.
Daniel REIVAX, *Raoul Allier (1862-1939). Une voix du protestantisme au début du XXe siècle*, 2023.
Blandine de DINECHIN, *L'art et le drame du trop : sœur Marie et Bethléem*, 2023.
Francis LAPIERRE, *Saint Luc en actes ? Nouvelle édition*, 2023.
René HUMETZ, *Enquête sur les paroles de la Vierge Marie*, 2023.
Gabriele PALASCIANO, *Joseph Ratzinger et l'histoire de la théologie. Analyse et herméneutique des recherches patristiques des années 1950*, 2023.

Jean-Glory MUKWAMA LUWALA

Le procès de Jésus

Matthieu 27, 25 à la lumière de l'interprétation juive de l'Écriture

Préface d'Olivier CATEL, OP

L'Harmattan

5-7, rue de l'École-Polytechnique, 75005 Paris
http://www.editions-harmattan.fr
ISBN : 978-2-336-42425-5
EAN : 9782336424255

In memoriam

Jean-René MUKWAMA LOYINDO
Frédéric MANNS, *ofm*

PRÉFACE

La passion pour la Bible et l'intérêt pour le peuple d'Israël et ses traditions ont poussé le Père Jean-Glory MUKWAMA LUWALA à explorer ce verset tiré de la Passion de l'Évangile selon saint Matthieu. L'étude de la Bible, en Israël, en contexte juif, constitue un contexte de réception nouveau qui a très largement inspiré cet ouvrage. Ce contexte nouveau de réception est à plusieurs visages : comment lire l'évangile dans un contexte post-Shoah pour comprendre comment certaines exégèses ont pu mener à un mépris d'Israël ? comment repenser, à nouveaux frais, le contexte juif ancien en observant le contexte juif moderne ? Cet ouvrage, né d'une expérience personnelle, utilise les outils de la critique moderne mais aussi les outils traditionnels de l'interprétation rabbinique. Les techniques par lesquelles l'Écriture est interprétée[1] – ou *middôt* – sont ainsi mises en œuvre pour éclairer le travail de saint Matthieu. Cette analyse patiente et argumentée que mène le Père Jean-Glory propose une compréhension renouvelée du texte de la Passion et de ce verset problématique. Le « peuple » aurait reconnu l'innocence de Jésus et ils seraient précisément sauvés pour avoir reconnu que ce sang était innocent.

J'ai eu la joie d'avoir le Père Jean-Glory comme étudiant dans mon cours d'introduction aux midrashim et c'est avec joie que je vois les fruits d'une lecture juive de nos Écritures, de ce Nouveau Testament qui est une « littérature juive du Second Temple » selon l'expression des chercheurs israéliens aujourd'hui. Puissent ces lectures se multiplier pour redonner au Nouveau Testament toute sa richesse littéraire et culturelle et attester de la vérité de l'Incarnation.

Père Olivier CATEL, OP
École biblique et archéologique française de Jérusalem

---

[1] *Sifra.*

Lors de ma toute première visite au *Yad Vashem*, le musée israélien du mémorial des victimes juives de la *Shoah*, j'ai été particulièrement impressionné par l'une de ses premières salles où est affichée cette inscription :

« From its inception, Christianity was ambivalent toward Judaism. It recognized the Jews' uniqueness as divinely chosen bearers of God's Word. However, Christianity developed a hatred of the Jew for rejecting Jesus as the Messiah who preached a new redemptive gospel, and blamed them collectively for his death. Fifth Century Christian theology determined that the Jews should not be killed, rather, they should be kept in their humiliated status until they accept Christianity. In the Middle Ages, the negative image of the Jew as guilty of deicide, became further entrenched. This image led to popular outbursts and blood libels against the Jews, especially in times of crisis. In its theological struggle against Judaism and the Jews, Christianity perpetuated and spread this negative image over the centuries and wherever European Christian culture reached. »[1]

Une pareille mention au seuil de ce mémorial n'a pour autre objectif que de rappeler à la mémoire vivante de tous

---

[1] « Dès ses débuts, le christianisme était ambivalent à l'égard du Judaïsme. Il reconnaissait le caractère unique des Juifs en tant que porteurs divinement choisis de la parole de Dieu. Cependant, le christianisme a développé une haine des Juifs pour avoir rejeté Jésus comme le Messie qui prêchait un nouvel évangile rédempteur, et les a blâmés collectivement pour sa mort. La théologie chrétienne du cinquième siècle a déterminé que les Juifs ne devaient pas être tués, mais plutôt maintenus dans leur statut humilié jusqu'à ce qu'ils acceptent le christianisme. Au Moyen-Âge, l'image négative du juif, coupable de déicide, s'est encore renforcée. Cette image a conduit à des explosions populaires et à des appels au meurtre contre les Juifs, surtout en temps de crise. Dans sa lutte théologique contre le Judaïsme et les Juifs, le christianisme a perpétué et répandu cette image négative au cours des siècles et partout où la culture chrétienne européenne est parvenue. » (Notre traduction).

ceux qui s'apprêtent à parcourir les salles de ce musée que le christianisme aurait en partie contribué, à travers sa perception de Juifs comme peuple déicide, à l'une des pires atrocités subies par le peuple juif dans l'histoire récente.

Une chose est certaine que la phrase de saint Augustin, extraite de son *Cité de Dieu* : *« Slay them not [the Jews] ... Scatter them abroad. »*[1] paraphrasant le Ps 59, 12, que l'on retrouve dans la même salle du mémorial ne dédouane en rien le christianisme de cette allégation. Bien au contraire, elle confirme cette attitude ambivalente au sein même du christianisme au IVe siècle. Une certaine interprétation de la Bible semble être à l'origine de telles mécompréhensions sur le statut, le rôle et le destin du peuple juif dans l'histoire. D'Origène à Augustin en passant par Jean-Chrysostome et Jérôme, certains passages de la Bible dans ses deux Testaments auraient été lus et interprétés de sorte à entretenir un antijudaïsme chrétien[2]. Cela a émaillé de méfiance les rapports entre Juifs et Chrétiens pendant plusieurs siècles[3].

Nous constatons, fort malheureusement, qu'après *Nostra Ætate* (1965) « ce passé souvent douloureux, ‘‘ne passe

---

[1] « Ne les tuez pas [les Juifs] ... dispersez-les. » (Notre traduction). Cf. *De civ. Dei*, XVIII, 46.

[2]Cf. ORIGÈNE (185-253), *In Matt.* XXVII, 22-26 ; JEAN-CHRYSOSTOME (347-407), *Adversus Judaeos*, I, 6. (Voir W. I. BRUSTEIN, *Roots of Hate. Anti-Semitism in Europe Before the Holocaust*, 52 ; W. LAQUEUR, *The Changing Face of Anti-Semitism : From Ancien Times to the Present Day*, 47-48 ; JÉRÔME (345-419), *In Esaiam* 16, 59, 3-4 (CCSL 73A), 679, l. 16-19, *In Danielem* 3, 9, 24 (CCSL 75A), 876, l. 372, *In Abacuc* 1, 2, 5-8 (CCSL 76A), 602, l. 270-274, *In Hieremiam* 2, 24, 2 (6, 21) [CCSL 74A], 72, l. 17-19, *In Mattheaum* 4, 27, 25 (CCSL 77), 267, l. 1599-1601 ; SC 259, 282-283 ; AUGUSTIN (354-430), *Commentaire du Ps 50* ; *Contra Faustus* 13, 10 : interprète Mt 27, 25 en rapprochant le sang d'Abel qui retombe sur Caïn au sang de Jésus le juste, qui retombe sur les Juifs de toutes les générations.

[3] Dorénavant désigné par s.

pas'' »[1]. Notre propre perception de la signification des textes bibliques est historiquement conditionnée parce que la lecture du texte nous met en dialogue avec ses lecteurs du passé[2]. Il existe encore aujourd'hui des critiques qui voient dans les écrits de Paul, de Jean et de Matthieu[3], pour ne citer que ceux-ci, des regains d'antisémitisme[4]. D'autres recherches, par ailleurs, qui ont essayé de commenter Mt 27, 25 y trouvent une explication étiologique imputant la responsabilité de la mort de Jésus aux Juifs dans le but de comprendre les tragédies connues par ce peuple comme résultante de sa propre auto-malédiction[5]. Cette

---

[1] J. M AUWERS, R. BURNET, D. LUCIANI (eds.), *L'antijudaïsme des Pères*, *ThH* 125, 11.

[2] Cf. U. LUZ, *Matthew 21 – 28*, 504-508.

[3] Dorénavant désigné par Mt.

[4] Cf. D. M. CROSSAN, « Anti-Semitism and the Gospel », *TS* 26, 189-214 ; J. D. CROSSAN, *Who killed Jesus? Exposing the Roots of Anti-Semitism in the Gospel Story of the Death of Jesus* ; P. JOHNSON, *A History of the Jews*, 165 ; F. LOVSKY, *Antisémitisme et mystère d'Israël* ; R. E. BROWN, « Les récits de la Passion de Jésus et l'antijudaïsme », *Istina* 42, 237-243 ; J. ISAAC, *L'antisémitisme a-t-il des racines chrétiennes ?*, 54-55 ; J. M AUWERS, R. BURNET, D. LUCIANI (eds.), *L'antijudaïsme des Pères*, *ThH* 125, 11 ; BAD SCHWALBACH, *Cahiers sioniens 11*, 223-225.

[5] Cf. ISIDORO DA ALATRI, *Responsabilità giudaica nella Crocifissione di Cristo*. Voir www.holywar.org ; J. F. QUINN, « The Pilate sequence in the Gospel of Matthew », *DunRev* 10, 171-175 ; D. SENIOR, *The Passion Narrative According to Matthew : A Redactional Study*, (BETL 39), 260 ; R. FABRIS, *Matteo*, 564 ; A. BOTTINO, « Sangue e anthropologia biblica in S. Gregorio Nisseno », F. VATTIONI (ed.), *Sangue e Anthropologia Biblica nella Patristica*, 435-436 ; V. MORA, *Le refus d'Israël : Matthieu 27, 25*, (LD 124) ; G. RICCIOTTI, *La vita di Gesù Cristo* ; A. MELLO, *Évangile selon Saint Matthieu. Commentaire midrashique et narratif*, (LD 179), 35 ; orig. ital., *Evangelo secondo Matteo. Commento midrashico e narrative* ; R. E. BROWN, *La morte del Messia*, (BTC 108) 945-948 ; S. HAHN, *Gospel of Matthew : Commentary, Notes and Study Questions*, 68 ; D. M. MOFFITT, « Righteous bloodshed, Matthew's Passion Narrative, and the Temple's Destruction : Lamentations as a Matthean Intertext »,

interprétation est devenue depuis le IVe s. le *locus classicus* pour établir le rejet des Juifs par Dieu[1]. Cependant, cette théologie rétributive est difficilement conciliable avec le reste du Nouveau Testament[2] notamment avec le pardon du Christ sur la croix en Lc 23, 34, que Mt ne mentionne pas bien sûr, mais aussi avec la notion du sang non vengeur en He 12, 24.

Ainsi nous posons-nous la question de savoir si vraiment ces auteurs, juifs par leur origine et leur culture, baignant dans la tradition juive, pourraient faire une œuvre qui deviendra par la suite un *boomerang* contre leur propre peuple. Il se pose alors une sérieuse question sur l'interprétation de leurs textes. Nous intéressant à l'évangile de Mt, par exemple, quel sens pouvons-nous donner à la déclaration du peuple [juif] : τὸ αἷμα αὐτοῦ ἐφ' ἡμᾶς καὶ ἐπὶ τὰ τέκνα ἡμῶν « Son sang sur nous et sur nos enfants » (Mt 27, 25) qui pousse ensuite Pilate à condamner Jésus à mort ? Mt a-t-il l'intention de nous dire que c'est tout le peuple juif de tous les temps qui assume la responsabilité d'un sang innocent ou doit-on chercher ailleurs le sens de cette phrase ? Quelle clé d'interprétation émerge du texte de Mt ?

Jérusalem, 21 septembre 2022
En la fête de saint Matthieu,
Apôtre et auteur du premier évangile

JBL 125, 319. Une certaine tradition juive consignée dans *4QLevi* 16, 3-4 peut soutenir une telle position : « L'homme qui aura renouvelé la Loi par la puissance du Très-Haut, vous le saluerez du titre d'imposteur et, finalement, vous vous jetterez sur lui pour le tuer, ne sachant pas qu'il se relèvera et faisant retomber dans votre malice le sang innocent sur votre tête. Mais, je vous le dis, à cause de lui, votre sanctuaire sera souillé jusqu'aux fondements ».

[1] Cf. R. PFISTERER, « "Sein Blut komme über uns…" », W.-D. MARSCH – K. THIEME (eds.), *Christen und Juden*, 19-37.

[2] Dorénavant désigné par NT.

INTRODUCTION

Joseph Augustine Fitzmyer (1920-2016) affirmait déjà dans un commentaire sur Mt 27, 25 qu'il est probable qu'aucun autre texte du NT n'a été aussi souvent cité contre les Juifs depuis qu'il a été écrit. Et c'est précisément parce qu'il l'a été qu'il mérite d'être examiné pour voir quelle est sa signification et sa fonction dans l'évangile de Mt[1]. Pour sa part, Robert Harry Smith (1932-2006) considérait Mt 27, 25 comme le verset le plus dur de l'évangile de Mt[2]. Dur non par sa construction elliptique, indice d'un substrat sémitique – qui peut rendre problématique sa grammaire et son herméneutique – mais surtout par le malentendu qu'il suscite chez les lecteurs, ouvrant ainsi le champ à toute sorte d'interprétation.

Notre intérêt à étudier Mt 27, 25 est du fait que, tout d'abord, c'est un *sondergut* matthéen aux récits synoptiques de la Passion. Ceci indique manifestement l'activité rédactionnelle qui caractérise le point de vue de l'auteur du premier évangile ainsi que sa théologie de la Passion[3]. Ensuite, nous partons de cette triple hypothèse : premièrement, le récit de la Passion serait l'attestation de

---

[1] Cf. J. A. FITZMYER, « Anti-Semitism and the Cry of "All the People" (Mt 27 : 25) », *TS* 26, 668.

[2] Cf. R. H. SMITH, « Matthew 27: 25. The Hardest Verse in Matthew's Gospel », *CurTM* 17, 421-428. Voir aussi J. F. WORTHEN, « Difficult Texts : Matthew 27 : 25 », *Theol.*, vol. 118, n° 5, 354-356.

[3] Au sujet d'ajout au matériel du récit de la Passion et Résurrection synoptique, Mt se démarque de Mc et Lc par ces particularités : Mt 26, 3b (l'identification du grand prêtre comme Caïphe) ; 26, 52-54 (les paroles de Jésus lors de la frappe du serviteur du grand prêtre à Gethsémani) ; 27, 3-10 (la mort de Judas) ; 27, 19 (le message de la femme de Pilate) ; 27, 51-53 (le tremblement de terre à la mort de Jésus et l'ouverture des tombeaux) ; 27, 62-66 (la garde au tombeau) ; 28, 2-4 (le tremblement de terre et le roulement de la pierre par l'ange du Seigneur) ; 28, 11-15 (la corruption des gardes) ; 28, 16-20 (la mission des disciples d'enseigner et de baptiser).

l'une des plus anciennes traditions des écrits du NT. Elle serait même le premier kérygme de la première communauté chrétienne à passer de l'oral à l'écrit (cf. 1Co 15, 3-5 ; 10, 14-22 ; 11, 23-29)[1]. Deuxièmement, nous assumons le primat marcien dans la diachronie de la composition des évangiles[2]. Par conséquent, nous suivrons les conclusions de plusieurs exégètes qui ont soutenu que l'évangile de Mt serait basé sur un original sémitique contenant la Bonne Nouvelle annoncée à des communautés judéo-chrétiennes[3] de Palestine[4] et nous abandonnerons les positions qui évoquent un milieu syrien[5] ou phénicien[6] de la rédaction de Mt. Cet original serait travaillé à partir de la source de Marc.

Puisque nous évoquons l'auteur du premier évangile, nous estimons en troisième lieu, qu'il était un Juif du Ier s. qui aurait vécu le pluralisme religieux juif de son époque. Il s'est comporté en écrivain de son temps en interprétant les Écritures au moyen des techniques similaires employées par les rabbins de la synagogue[7].

---

[1] Cf. O.-T. VENARD (ed.), *La Passion selon saint Matthieu. Matthieu 26 – 28*, (BEST), 6-10.

[2] Cf. S. BYRSKOG, « A New Quest for the *Sitz im Leben* : Social Memory, the Jesus Tradition and the Gospel of Matthew », *NTS* 52, 319-336.

[3] Cf. G. BAUM, *Les Juifs et l'Évangile*, (LD 41), 53.

[4] Cf. M. MUNARI, *Il compimento della Torah. Gesù e la Scrittura in Mt 5, 17-48*, (ASBF 81), 8 ; R. H. GUNDRY, *The Use of the Old Testament in St. Matthew's Gospel, with Special Reference to the Messianic Hope*, 178-179.

[5] Cf. B. H. STREETER, *The Four Gospels*, 150 ; H. KVALBEIN, « Has Matthew abandoned the Jews? », H. KVALBEIN – J. ANAN (eds.), *The Mission of The Early Church To Jews And Gentiles*, 47. Voir aussi U. LUZ, *Das Evangelium nach Matthäus 26 – 28*, IV ; ID., *Matthew in History : Interpretation, Influence, and Effects.*

[6] Cf. G. K. KILPATRICK, *The Origins of the Gospel According to St. Matthew*, 133-134.

[7] Cf. O.-T. VENARD (ed.), *La Passion selon saint Matthieu. Matthieu 26 – 28*, (BEST), 13-14.

Contrairement à ces derniers qui commentent un texte par un autre texte, Mt fait une lecture *christographique* des Écritures à partir de l'événement de la Passion-Mort-Résurrection de Jésus qui éclaire les Écritures tout en les accomplissant en même temps. Il le fait pour justifier le choix pour le Christ opéré par des judéo-chrétiens de sa frange qui ne sont pas encore affranchis de la synagogue[1].

Mt est un Juif qui écrit aux Juifs. Pour le comprendre, il convient de situer son évangile dans le registre littéraire juif de son époque. Celui qui désire connaître le NT est, qu'il le veuille ou non, un étudiant du judaïsme primitif, disait Bruce Chilton[2]. Nous partons du présupposé que l'interprétation du texte que nous étudions devrait être reconsidéré face à un fondamentalisme qui ne parvient à lire entre les lignes les significations ironiques, le double-sens ou les prophéties bibliques. Face au défi que nous lance l'interprétation de ce texte, il convient de décrypter exactement les éléments du texte de Mt 27, 25, c'est-à-dire saisir le blanc sous l'encre noire du texte ou, pour reprendre l'expression de James Resseguie, nous défamiliariser de l'évangile[3]. Pour y arriver, le lecteur de Mt devrait avoir comme caractéristique non négociable sa culture juive : c'est la condition sine qua non pour qu'il soit en mesure de lire correctement son texte[4].

Pour ce faire, nous emploierons, hormis la méthode historico-critique, l'approche basée sur le recours aux

---

[1] Cf. D. SULLIVAN, « New Insights into Matthew 27 : 24-25 », *NB* 73, 454.

[2] Cf. B. CHILTON, *A Galilaean Rabbi and his Bible: Jesus own Interpretation of Isaiah*, 13.

[3] Cf. J. L. RESSEGUIE, *L'exégèse narrative du Nouveau Testament*, (LR 36), 34.

[4] Cf. D. SULLIVAN, « New Insights into Matthew 27 : 24-25 », *NB* 73, 457.

sources et aux traditions interprétatives juives[1] souvent négligées par beaucoup de critiques quand il s'agit d'étudier ce passage. C'est ainsi que nous essayerons d'apporter d'autres éléments de signification dans l'herméneutique de ce verset qui a longtemps servi à l'antijudaïsme chrétien qui, à son tour, aurait fait le lit de l'antisémitisme moderne[2]. C'est dans cette démarche d'étude, nous espérons, que se situe une véritable approche significative et fructueuse des textes bibliques que feraient les Juifs et les Chrétiens[3].

Il existe une vaste et récente littérature scientifique sur Mt 27, 25 qui fait l'état de la question de ce passage controversé de Mt à propos de l'interprétation du "sang innocent"[4]. Il est vrai que le double-sens du sang crée un

---

[1] Conscient des limites de cette approche (voir COMMISSION BIBLIQUE PONTIFICALE, *L'interprétation de la Bible dans l'Église*, 1994, 46-47) et du problème de la distance temporelle entre la littérature rabbinique et le NT dont les rapports sont souvent moins clairs, j'avoue qu'il arrive qu'on trouve dans les évangiles les éléments de la tradition juive de l'halakha les plus anciens mais ignorés par la littérature rabbinique et pourtant confirmés par certains manuscrits de la Mer Morte. Le moins qu'on puisse dire, dans ce cas, est que cette littérature chrétienne est la preuve d'une des plus anciennes attestations de cette tradition que l'on puisse posséder ou simplement qu'elle fait partie de la généalogie de l'halakha. Dans l'autre sens, il arrive que l'on repère dans la littérature juive tardive des traditions qui contredisent celles rapportées dans le NT. Est-ce une preuve d'une réaction juive contre la littérature chrétienne du NT ?

[2] Cf. R. KAMPLING, *Das Blut Christi und die Juden. Mt 27, 25 bei den lateinischsprachigen christlichen Autoren bis zu Leo dem Großen*, 228.

[3] Cf. F. MANNS, *Une approche juive du Nouveau Testament*, (InB), postface.

[4] La bibliographie quasi complète ainsi que la recherche sur l'histoire de l'interprétation de Mt 27, 25, voir F. LOVSKY, « Comment comprendre "Son sang sur nous et nos enfants" », *ETR* 62, 343-362 ; R. KAMPLING, *Das Blut Christi und die Juden. Mt 27, 25 bei den lateinischsprachigen christlichen Autoren bis zu Leo dem Großen*.

malentendu : le cri du peuple en Mt 27, 25 est-il sa propre auto-condamnation ou une prophétie involontaire qu'il lâche inconsciemment pour acquiescer son salut ? La problématique du sang innocent que soulève ce verset s'est posée avec acuité dans la réflexion juive depuis le retour de l'Exil. Il s'agit en effet de la ‘‘condamnation’’ ou de la ‘‘rédemption’’ qui advient par le ‘‘sang d'un innocent’’.

Tout en soulignant unanimement qu'un arrière-fond juif sous-tend le passage de Mt 27, 25, les conclusions des exégètes durant ces deux dernières décennies sont tout aussi partagées à ce sujet. Deux tendances émergent. D'un côté, il y a un courant favorable à la rédaction de l'évangile de Mt après 70 de notre ère, c'est-à-dire entre 80 et 90, quand la communauté chrétienne était *extra-muros* des synagogues. Ce courant interprète Mt 27, 25 comme le *climax* du récit de la Passion qui souligne la culpabilité des Juifs dans la mort de Jésus et leur condamnation pour avoir refusé le Messie[1]. L'autre courant, en revanche, soutient que le contexte de la rédaction de Mt est *intra-muros*. Dans ce cas, l'évangile aurait été composé bien avant 70 de notre ère. Alors, Mt 27, 25 serait la clé de voûte du projet global de l'évangile énoncé en Mt 1, 21 : Jésus – par sa mort et sa résurrection

[1] Cf. K. ZSOLT, *Der Blutruf (Mt 27, 25). Skizze einer schweizerischen Wirkungsgeschichte 1900-1950* ; W. TRILLING, *Il vero Israele*, orig. en allemand, *Das wahre Israel* (EThSt 7) ; V. MORA, *Le refus d'Israël : Matthieu 27, 25*, (LD 124) ; A. H. WRATISLAW, *Barabbas the Scapegoat, and other Sermons and Dissertations* ; N. A. DAHL, « The Passion narrative in Matthew », ID., *Jesus in the Memory of the Early Church*, 37-51 ; G. STANTON, *The interpretation of Matthew*, (IRT 3), 42-55 ; G. BAUM, *Les Juifs et l'Évangile*, (LD 41) ; H. FRANKEMÖLLE, *Jahwe-Bund und Kirche Christi. Studien zur Form- und Traditionsgeschichte des ‘‘Evangeliums’’ nach Matthäus*, (NTAbh 10) ; K. HAACKER, « ‘‘Sein Blut uber uns’’ : Erwägungen zu Matthäus 27, 25’’ », *KI I* ; F. LOVSKY, « Comment comprendre ‘‘Son sang sur nous et nos enfants’’ », *ETR* 62.

– sauve *son peuple* de ses péchés[1]. Entre ces deux courants, il existe une position intermédiaire défendue par des spécialistes qui pensent que, puisant dans l'héritage littéraire juif, dans la littérature péritestamentaire, Mt tente de concilier la question du jugement d'Israël à celle de son salut moyennant le motif du sang versé par un innocent[2].

Au vu de la recherche sur ce sujet, nous estimons que le débat est loin d'être clos. Comme il a été impossible aux Pères du Concile Vatican II de supprimer Mt 27, 25 du NT, ou même d'en modifier la formulation étant donné qu'il s'agit de la Parole inspirée de Dieu, un effort devra être fait par les exégètes pour éclairer le sens de ce verset crucial[3]. Du malentendu qu'il provoque nous pouvons encore, grâce notamment à des clés d'interprétation juive de l'Écriture, explorer des aspects insoupçonnés de sa signification.

---

[1] Cf. J. F. WORTHEN, « Difficult Texts : Matthew 27 : 25 », *Theol.*, vol. 118, n° 5 ; H. KVALBEIN, « Has Matthew abandoned the Jews? », H. KVALBEIN – J. ANAN (eds.), *The Mission of The Early Church To Jews And Gentiles* ; G. MICHELINI, *Il sangue dell'alleanza e la salvezza dei peccatori. Una nuova lettura di Mt 26 – 27*, (AnGr 306) ; S. MCKNIGHT, *Jesus and His death : Historiography, the Historical Jesus and Atonement Theory* ; D. SULLIVAN, « New Insights into Matthew 27 : 24-25 », *NB* 73 ; R. E. BROWN, *La morte del Messia*, (BTC 108) ; J. D. CROSSAN, « Anti-Semitism and the Gospel », *TS* 26 ; J. A. FITZMYER, « Anti-Semitism and the Cry of ''All the People'' (Mt 27 : 25) », *TS* 26.

[2] Cf. C. S. HAMILTON, *The Death of Jesus in Matthew : Innocent Blood and the End of Exile*, (SNTSMS 167) ; P. A. HARLÉ, « ''Son sang sur nous et sur nos enfants'' (Matthieu 27, 25) », *FV* 52, n° 5 ; T. B. CARGAL, « ''His Blood be Upon Us and Upon our Children'' : A Matthean Double Entendre? », *NTS* 37 ; J. P. HEIL, *The Death and Resurrection of Jesus. A Narrative-Critical Reading of Matthew 26 – 28* ; K. H. SCHELKLE, « Die ''Selbstverfluchung'' Israels nach Matthaus 27, 23-25 », W. P. ECKERT et al. (eds.), *Antijudaismus im Neuen Testament?*

[3] Cf. J. A. FITZMYER, « Anti-Semitism and the Cry of ''All the People'' (Mt 27 : 25) », *TS* 26, 671.

L'objectif de notre recherche est de comprendre le sens de ce verset controversé de Mt. Nous allons à la quête de ce sens en nous servant du "Cinquième Évangile"[1], mais aussi en nous emparant des outils modernes qu'offre l'exégèse biblique. Cinquante-sept ans après *Nostra Ætate*, nous voudrions nous inscrire dans la lignée de ceux qui, à la suite de ce document de Vatican II, ont voulu faire un retour systématique à ce texte de Mt 27, 25. Un retour qui suppose la relecture du texte de saint Évangile selon Mt pour qu'il nous dise encore aujourd'hui ce qu'il a toujours contenu et a voulu dire dans la riche expression de sa lettre. Notre tentative de réponse à la problématique spécifique de cette recherche sera de démontrer, par un recours à l'Écriture, à la littérature du Second Temple et à la littérature rabbinique, que l'arrière-fond de Mt 27, 25 est juif et que la signification ambivalente que suggère le sang innocent dans la littérature juive péritestamentaire y est assumée, mais contextualisée dans le projet rédactionnel de Mt. Placé dans un contexte pascal (cf. Mt 26, 2), le réemploi du motif vétérotestamentaire du sang innocent ne peut que renvoyer au sang qui a épargné les Hébreux de l'ange exterminateur. Ce qui relie *de facto* Mt 27 au récit de l'institution de la Pâque en Ex 12, 1-14[2].

---

[1] Expression du pape PAUL VI reprise par B. PIXNER, *Avec Jésus à travers la Galilée d'après le Cinquième Évangile*, 7 avec cette signification : « Le sol de la Terre Sainte, théâtre des événements concernant Jésus, peut être considéré comme un "Cinquième Évangile"...Celui qui a appris à lire dans ce Livre des paysages bibliques s'ouvre à une vision nouvelle des quatre évangiles ».

[2] Cf. D. SULLIVAN, « New Insights into Matthew 27:24-25 », *NB* 73, 454-456. Sullivan pense que pour répondre à la préoccupation de sa communauté, celle de savoir comment un Juif fidèle peut suivre Jésus après un tel rejet officiel par la nation, le temple, l'intelligentsia et l'autorité civile juifs (cf. Mt 27, 25), dans son récit de la Passion, Mt utilise la théologie de la Pâque pour contourner ce problème. Sullivan estime qu'en 27, 25 Mt emploie la théologie juive du symbolisme du sang de l'agneau de l'Ex 12, 13. 23 ; 13, 14 ; et 24, 8.

Le premier chapitre de ce travail sera une introduction générale au premier évangile. Il ne sera pas tout de suite question d'entrer dans l'étude de notre texte. Nous poserons des bases sur lesquelles s'appuieront nos conclusions : Mt 27, 25 ne peut être compris que si l'on considère tout l'évangile comme un texte sémitique. C'est ce que nous tâcherons de démontrer. Le deuxième chapitre fera l'analyse littéraire de Mt 27, 25 sur base de la structure du récit de la Passion. Le troisième chapitre, quant à lui, portera sur l'étude hypertextuelle en considérant Ex 12, 13 comme l'arrière-fond juif de Mt 27, 25.

CHAPITRE I

INTRODUCTION À L'ÉVANGILE DE MATTHIEU

Tout d'abord, il convient de préciser le cadre dans lequel nous voulons situer nos propos. Aussi, pour aider nos lecteurs à mieux saisir ce qui garantit notre réflexion ainsi que les conclusions auxquelles nous aboutirons, nous prenons soin de poser au seuil de cette recherche une sorte de question préjudicielle au contexte littéraire de la rédaction de Mt 27, 25. Nous déployons, à travers cette question, une étude sommaire de la *Redaktionsgeschichte* de Mt qui devra clarifier ce que nous considérons comme préalables à la compréhension de l'ensemble du projet rédactionnel du premier évangile en général, et du verset étudié en particulier ; c'est-à-dire distinguer Tradition et rédaction. Ces généralités aborderont quelques exemples d'analyse des textes basées sur l'approche qui fait recours aux traditions juives d'interprétation[1] par laquelle nous tenterons d'interpréter l'Écriture en Mt 27, 25. Nous chercherons à déterminer l'origine et la nature du texte de Mt, son auteur, son époque, sa communauté, son contexte culturel, ses destinataires ainsi que ses sources et des techniques employées dans sa rédaction.

1.1. Athènes ou Jérusalem ? : l'origine et la nature du premier évangile

La langue du NT, le grec de la κοινή, comme toute langue de l'antiquité pose des problèmes aux linguistes, aux philologues et aux exégètes modernes parce que pour la comprendre il faut connaître son contexte culturel, son chronolecte ainsi que son

[1] Cf. F. MANNS, *Une approche juive du Nouveau Testament*, (InB), 89.

topolecte. La véritable difficulté du traducteur moderne du NT se situe dans la transposition du génie d'une langue source, dans ce cas le grec de la κοινή – encore est-il qu'aujourd'hui, il n'en existe pas d'interlocuteurs – à une langue cible. Les codes de cette langue ancienne nous sont connus seulement au moyen des manuels de grammaire et des lexiques. Ce qui nous semble insuffisant ! Il est plus difficile encore de saisir les contours d'un verset de l'évangile, tel que parvenu jusqu'à nous, dont l'origine et les opérations de sa transmission, de sa rédaction ainsi que de sa traduction dépendent de la tradition orale d'une langue tout aussi différente que le grec.

Du point de vue méthodologique, il est capital de savoir si Mt est une composition grecque ou s'il a été composé dans une langue sémitique, car cela pose de façon tout à fait différente le problème de sa formation, de sa datation, de sa relation avec d'autres évangiles mais aussi de son interprétation[1].

Depuis les découvertes des premiers sémitismes des évangiles par Érasme de Rotterdam en 1518, l'argument en faveur de cette thèse rencontre des opposants acharnés dont le chef de fil fut Théodore de Bèze lorsqu'il affirma en 1556 que supposer des sémitismes dans le NT c'est admettre des fautes de grec, c'est accuser le Saint Esprit de barbarismes ou de solécismes[2]. Au-delà de ces objections il existe des spécialistes modernes qui s'accordent encore à affirmer que le texte grec des évangiles qui est parvenu jusqu'à nous, en l'occurrence celui de Mt, est parsemé d'expressions qui dénotent un certain parfum sémitique tributaire d'un registre oral

[1] Cf. J. CARMIGNAC, *La naissance des Évangiles synoptiques*, 76.
[2] Cf. J. CARMIGNAC, *La naissance des Évangiles synoptiques*, 27.

originel[1]. Nous sommes finalement portés à croire que la rédaction finale de Mt a été faite dans un grec fortement sémitisé[2]. Ce que nous appelons des sémitismes peuvent être très souvent, en reprenant les mots de Lagrange, le fait de l'éducation de l'auteur, incapable d'écrire en grec comme un Grec, aussi bien que le fait d'un traducteur[3]. Ceci nous conduit logiquement à dire qu'en plus de la connaissance du chronolecte et du topolecte de la langue du NT, il faut chercher à scruter les idiolectes de leurs auteurs ; c'est-à-dire que Mt n'écrit pas comme Lc et vice-versa. Il est aussi évident que les auteurs du NT n'ont pas tous eu le grec comme une langue vernaculaire.

1.1.1. La critique externe

Sur l'origine de l'évangile de Mt, la Tradition retient les témoignages des Pères apostoliques comme attestations de l'existence d'un évangile oral et/ou écrit en circulation dans des communautés chrétiennes dès la fin du Ier s. Dans leurs textes, certains de ces témoins citent par réminiscence les paroles de Jésus contenues dans l'évangile de Mt tandis que d'autres font allusion à un évangile écrit sans en nommer directement l'auteur.

---

[1] Cf. G. DALMAN, *Die Worte Jesu*, 283-365 ; C. F. BURNEY, *The Poetry of Our Lord : An Examination of the Formal Elements of Hebrew Poetry in the Discourses of Jesus Christ*, 113, 161 ; ID., *The Translations Made from the Original Aramaic Gospels* ; ID., *Our Translated Gospels* ; M. BLACK, *An Aramaic Approach*, 203-208 ; J. JEREMIAS, *Paroles de Jesus*, (LD 38), 49-79 ; ID., *Golgotha*, 68-87 ; ID., *La théologie du Nouveau Testament*, 83-85 ; H. L. STRACK – P. BILLERBECK, *Kommentar zum Neuen Testament aus Talmud und Midrasch*, I, 730-746.

[2] Cf. J. CARMIGNAC, *La naissance des Évangiles synoptiques*, 27 n. 8.

[3] Cf. M.-J. LAGRANGE, *Évangile selon saint Matthieu*, lxxx.

Cependant, en observant certaines de ces allusions on se rend bien compte qu'il s'agit du premier évangile. Par exemple, vers 95 de notre ère, dans sa *Lettre aux Corinthiens*, Clément de Rome faisait déjà allusion à Mt 5, 7 ; 6, 14 ; 7, 1. 2[1]. D'autres allusions faites dans la même lettre renvoient à Mt 26, 24 ; 24, 24 ; 18, 6[2]. *L'Épître de Barnabé* écrite entre la fin du Ier s. et le début du IIe s. fait la même opération allusive : ὅταν βλέπετε μετὰ τηλικαῦτα σημεῖα καὶ τέρατα γεγονότα ἐν τῷ Ἰσραήλ καὶ οὕτως ἐνκαταλελεῖφθαι αὐτούς προσέχωμεν μήποτε ὡς γέγραπται πολλοὶ κλητοί ὀλίγοι δὲ ἐκλεκτοὶ εὑρεθῶμεν[3]. Il est assez clair que la dernière partie de ce texte reprend Mt 22, 14. D'autres parties[4] de la lettre renvoient plutôt à Mt 27, 34. 48. On remarque aussi qu'Ignace d'Antioche dans plusieurs de ses lettres cite les textes de Mt sans faire explicitement référence à l'auteur de l'évangile[5]. La *Didachè* que l'on peut situer après les Pères apostoliques contient la prière du *Pater* selon la version matthéenne[6]. De ces exemples, il apparaît évident que ces auteurs qui écrivent en grec aient connu entre la fin du Ier s. et le début du IIe s. un texte de l'évangile en grec auquel ils se réfèrent. C'est ce texte que nous désignons ici comme évangile de Mt.

En fait, Papias (70-140 ap. J.C.) sera le premier, dans cette série de témoignages, à désigner le nom de l'auteur du premier évangile en indiquant aussi la langue dans

---

[1] Cf. CLEMENT DE ROME, *Lettre aux Corinthiens*, XIII, 2.

[2] Cf. CLEMENT DE ROME, *Lettre aux Corinthiens*, XLVI, 7-8.

[3] « Quand vous voyez comment ils [les Juifs] ont été abandonnés après que de tels miracles et prodiges aient eu lieu parmi le peuple d'Israël ; prenez donc garde qu'ils ne soient trouvés, selon qu'il est écrit : Beaucoup sont appelés, mais peu sont élus », *Barn.*, IV, 14.

[4] Cf. *Barn.*, VII, 3.

[5] Cf. IGNACE D'ANTIOCHE, *Ad Smyrn.*, I, 1; *Ad Eph.*, V, 2 ; XIV, 2 ; XVII, 1 ; XIX, 2 ; *Ad Magn.*, IX, 3 ; *Ad Philad.*, III, 1.

[6] Cf. *Did.* VIII, 2.

laquelle il a écrit son évangile. La plupart des chercheurs dans leur effort de reconstituer l'origine de l'évangile canonique de Mt évoquent ce témoignage de Papias faisant valoir un argument de taille que la Tradition retient pour précis et ancien. Toutefois, le texte de Papias tel que repris par l'historien Eusèbe de Césarée au début du IVe s. est considéré par certains critiques comme une attestation entachée d'ambiguïté. En effet, en parlant de Marc, Papias dit au sujet de Mt ce qui suit : « Ματθαῖος μὲν οὖν Ἑβραΐδι διαλέκτῳ τὰ λόγια συνετάξατο, ἡρμήνευσε δ' αὐτὰ ὡς ἦν δυνατὸς ἕκαστος. » – *Quant à Matthieu donc, il mit en ordre les paroles/discours en langue hébraïque, desquels chacun interpréta/traduisit comme il pouvait* (*H. E.*, III, 39, 16).

Plusieurs études de ces critiques ont souligné trois difficultés liées à la traduction de ce passage de Papias : premièrement, faut-il entendre par τὰ λόγια l'intégralité de l'évangile (discours et narration) ou simplement quelques dits de Jésus que d'aucuns identifieront à l'hypothétique source Q ? Il faut donc noter qu'ailleurs, Papias applique le même terme pour désigner l'ensemble de l'évangile de Mc et pour parler des évangiles en général (cf. *H. E.*, III, 39, 1. 15). Il est donc possible que τὰ λόγια soit une autre appellation des évangiles admise dans la Tradition de l'Église dès les premiers siècles[1]. Lagrange les qualifie de « paroles sacrées, à savoir celles du Seigneur, aussi autorisées pour un chrétien, et même plus dans un certain sens que les oracles de l'AT »[2]. S'agissant des paroles du Seigneur, aujourd'hui nous savons qu'elles ont été prononcées dans le dialecte araméen de Galilée (l'araméen galilaïque) dont se sont servi aussi les apôtres pour la

[1] Cf. M. MUNARI, *Il compimento della Torah. Gesù e la Scrittura in Mt 5, 17-48*, (ASBF 81), 10 n. 14.
[2] M.-J. LAGRANGE, *Évangile selon saint Matthieu*, xvii.

prédication qui, pour le besoin de la transmission aux générations successives, nécessitait une traduction.

Puisque l'on parle de la transmission, la deuxième difficulté du texte de Papias est relative à la traduction du verbe ἑρμηνεύω. Doit-il être rendu par "traduire" ou par "interpréter" ou encore par "commenter" ? La précision *« chacun comme il pouvait »* doit être prise au sérieux pour comprendre le sens de ce verbe. Papias fait le choix de l'aoriste au lieu de l'imparfait qui indique une action itérative et continue[1]. Le temps du verbe employé par Papias révèle qu'il ne pourrait s'agir des interprétations ou des commentaires que chacun pouvait faire de l'original hébraïque de Mt. L'aoriste renvoie à un passé fini ; c'est-à-dire qu'au moment où Papias rend témoignage de cet original sémitique de Mt – que nous ne possédons plus malheureusement – il existait déjà un éventail de traductions : en grec (?). Si tel est le cas, il est fort possible qu'il utilise le verbe ἑρμηνεύω pour signifier qu'il s'agit de traductions d'un original sémitique de Mt.

La troisième difficulté concerne l'expression Ἑβραΐδι διαλέκτῳ. S'agit-il d'une langue parlée par les Juifs non hellénisés[2] ou fait-il simplement allusion à la langue des Juifs ou, faut-il traduire cette expression comme le suggère Rigaux "à la manière des Hébreux"[3]? Que Ἑβραΐδι διαλέκτῳ indique l'hébreu ou l'araméen, le sujet continue à faire l'objet d'un âpre débat parmi les exégètes[4]. Au regard de l'emploi de l'expression dans le

---

[1] Cf. M.-J. LAGRANGE, *Évangile selon saint Matthieu*, xvii.

[2] Cf. G. GARBINI, *Il vangelo aramaico di Matteo*, (SB 188), 263.

[3] Cf. B. RIGAUX, *Testimonianza del vangelo di Matteo*, 17.

[4] Un aperçu quasi exhaustif de ce débat vers les années 1980-90 est présenté dans la discussion entre J. CARMIGNAC, *La naissance des Évangiles synoptiques*, 75-92 et P. GRELOT, *Évangiles et tradition apostolique*, 174ss. Les discussions récentes sur l'origine araméenne ou hébraïque du premier évangile, voir F. BLANCHETIERE, *Enquête sur les racines juives du mouvement chrétien (30-135)*, 97-103 ; W. D.

NT en Jn 5, 2 ; 19, 13. 17. 20 ; 20, 16 ; Ac 21, 40 ; 22, 2 ; 26, 14 ; Ap 9, 11 ; 16, 16, nous pensons que Papias, se basant sur l'étymologie des mots, a voulu employer διάλεκτος qui signifie "langue parlée", "mode de parler"[1] plutôt que γλῶσσα qui désigne la "langue", la "parole" ou le "langage"[2]. Or nous savons qu'en ce temps, la langue parlée par les Juifs était l'araméen[3]. Et puisque les dits et faits de Jésus sont sacrés, pour les fixer en un texte écrit, nous estimons que Mt avait réellement conscience de faire œuvre de scribe, sinon, d'écrivain sacré dont le travail – suivant ce qui était le principe à son époque – consistait à transmettre par écrit la Révélation en texte hébraïque comme c'était le cas pour les autres textes liturgiques et bibliques utilisés dans les synagogues de son temps. La préférence pour l'hébreu chez Mt avait probablement pour objectif de distinguer son texte du *Targum* qui était transmis oralement en araméen et dont toute tentative de mise par écrit était prohibée dans la tradition juive jusqu'à la période des *Tanna'im*[4].

Quoique l'affirmation de Papias soit remis en cause par ceux qui soutiennent que Mt serait rédigé en grec et qui refusent sérieusement les sémitismes matthéens sous

---

DAVIES et D. ALLISON, *A Critical and Exegetical Commentary on The Gospél according to Matthew,* 7-58 ; D. JAFFE, « Les Sages du Talmud et l'Évangile selon Matthieu », *RHR*, 583-611 ; M.-É. BOISMARD, *L'Évangile selon Matthieu d'après le papyrus copte de la collection Shøyen-Analyse littéraire*, (CahRB 55), 221 ; G. HOWARD, *Hebrew Gospel of Matthew* ; G. GARBINI, *Il vangelo aramaico di Matteo*, (SB 188), 261-306.

[1] Cf. R. PIERRI, *Lessico del Nuovo Testamento per radici*, (ASBF 84), 355.

[2] Cf. R. PIERRI, *Lessico del Nuovo Testamento per radici*, (ASBF 84), 350.

[3] Cf. M. MCNAMARA, *Targum and Testament Revisited : Aramaic Paraphrases of the Hebrew Bible : A Light on the New Testament*, 85-92.

[4] Cf. *y. Shab.* 115.

prétextes qu'ils sont trop peu nombreux, qu'ils sont dus à la langue maternelle de l'auteur ou qu'ils résultent d'une imitation plus ou moins consciente des Septante[1], il n'en demeure pas moins que plusieurs témoignages concordants – dépendant probablement de Papias – d'Irénée de Lyon jusqu'à Jérôme en passant par Cyrille de Jérusalem et Clément d'Alexandrie attestent durant trois siècles consécutifs l'existence de cet original sémitique de Mt écrit en hébreu[2]. D'ailleurs, si le témoignage de Papias n'était pas digne de foi, comment expliquer qu' « Eusèbe lui-même qui n'avait qu'une médiocre estime de Papias (cf. *H. E.*, III, 39, 13), aurait accepté son opinion les yeux fermés » comme s'interroge Lagrange[3]. Tout compte fait, il nous paraît vraisemblable que quelque chose de cet original sémitique de Mt ait pu exister. Mais par Mt entend-t-on l'apôtre ou un pseudonyme ?

1.1.2. La critique interne

La critique littéraire nous renseigne sur les informations contextuelles à la genèse d'une œuvre littéraire, les circonstances extérieures ayant été à l'origine d'un texte pouvant concourir à sa compréhension et à son interprétation. C'est dans cette optique que nous abordons à présent la question de l'auteur de Mt tel qu'il apparaît dans le texte ; de sa communauté ainsi que le *Sitz im Leben* de son évangile. Les données de la critique externe que nous venons d'exposer nous paraissent importantes ; cependant, elles restent incomplètes. D'elles, nous retenons dorénavant que le premier évangile se base sur la prédication apostolique faite en araméen écrit en hébreu et très vite transmis en grec. Toutefois, ce texte hébraïque

---

[1] Cf. J. CARMIGNAC, *La naissance des Évangiles synoptiques*, 29.
[2] Cf. M.-J. LAGRANGE, *Évangile selon saint Matthieu*, xi-xv.
[3] Cf. M.-J. LAGRANGE, *Évangile selon saint Matthieu*, xv.

n'est pas signé, mais il est attribué par la Tradition à l'apôtre Mt entre la fin du Ier et le début du IIe s. (cf. Papias). À ce niveau d'analyse, le recours à la critique interne de l'histoire du texte s'avère nécessaire pour dégager la figure et l'identité de son auteur implicite tel qu'il émerge du texte lui-même étant donné que le texte est le seul témoin de sa propre histoire.

L'*inscriptio* κατὰ Μαθθάιον tel qu'il apparaît dans le texte canonique grec dont nous disposons aujourd'hui de la copie ne se retrouve en aucun autre manuscrit d'avant le IIIe s. selon NA28[1]. Pour cette édition éclectique, la plus ancienne mention grecque de l'*inscriptio* de Mt remonterait à la version copte bohaïrique (IVe s.) suivi du Codex D (Ve s.). Pourtant, il existe d'autres anciens témoins de l'*inscriptio* de Mt, notamment la controversée feuille de garde[2] – retrouvée dans le Codex de Philon avec beaucoup d'autres manuscrits dont le 𝔓4 – contenant le titre ευαγγελιον κατα Μαθθαιον[3]. Elle est datée entre la fin du IIe et le début du IIIe s. de notre ère. Il existe aussi le manuscrit Curetonien (sy^c^) qui dépend de la recension du Codex D de type textuel occidental daté du Ve s. – il est l'un des témoins les plus anciens de la version *Vetus* Syriaque ; cette dernière est la descendante du Diatessaron[4] qui est du IIe s. – et contient presque la même

[1] 1,0 *Inscriptio* ⸀ ευαγγελιον κατα Ματθαιον (Μαθθαιον W 565) D K W Γ Δ f^{13} 33. 565. 700. 892. 1424 𝔐 bo ¦ αγιον ευαγγελιον κατα Ματθαιον f^1 (bo^ms^) ¦ αρχη συν θεω του κατα Ματθαιον ευαγγελιου 1241 ¦ εκ του κατα Ματθαιον L ¦ - א* B* ¦ *txt* א^1^ B^1^.

[2] Cf. S. GATHERCOLE, « The Earliest Manuscript Title of Matthew's Gospel (BnF Suppl. gr. 1120 ii 3/ 𝔓4) », *NT* 54, 210-213.

[3] Cf. T. C. SKEAT, « The Oldest Manuscript of the Four Gospels? », *NTS* 43, 1-34.

[4] Le Diatessaron serait-il écrit directement en syriaque ou bien le texte syriaque serait-il une traduction d'un texte grec ? – cf. le fragment de Dura Europos, fin IIe début IIIe s. – Le sujet est encore débattu. Voir J. JOOSTEN, « Le Diatessaron syriaque », J.-C. HAELEWYCK (ed.), *Le*

inscription à l'entête : ܕܐܘܢܓܠܝܘܢ ܕܡܦܪ̈ܫܐ ܡܬܝ "évangile de Matthieu séparé"[1]. À travers ce titre, le Curetonien atteste une certaine tradition conservée par la *Vetus* Syriaque. Cette tradition proviendrait du IIe s. Cette preuve confirme en définitive que la paternité du premier évangile à Mt lui est reconnu par la tradition textuelle syriaque depuis le IIe s. Ces données textuelles concordent avec le suffrage de la Tradition de Papias présentée par Eusèbe. « Et comme l'histoire ecclésiastique d'Eusèbe a été traduite en syriaque dès le quatrième siècle, et probablement avant 350, il ne serait pas impossible d'y voir l'autorité qui a entraîné les Syriens »[2] à attribuer le premier évangile à Mt. Il paraît donc vraisemblable que les Mss syriaques soient l'une des plus anciennes attestations de l'*inscriptio* de Mt.

D'autres références textuelles sur le nom de Mt en tant que personnage de l'évangile sont attestées par la triple tradition. Mc 3, 18 ; Mt 10, 3 et Lc 6, 15 s'accordent à citer Mt sur la liste des douze apôtres de Jésus. Toutefois, alors que Mc 2, 13-14 raconte la vocation de Lévi fils d'Alphée, Lc 5, 27-28 relate le récit de la vocation d'un certain Lévi ; Mt 9, 9 pour sa part et à propos du même récit, parle de la vocation d'un collecteur d'impôts appelé Mt. Ce qui influence logiquement l'ajout, en Mt 10, 3, du qualificatif "publicain" au nom de Mt repris sur la liste des apôtres. Ce sont les seules occurrences du NT.

Nouveau Testament en syriaque (ES 14), 55-66 ; J.-C. HAELEWYCK, « Les vieilles versions syriaques des évangiles », J.-C. HAELEWYCK (ed.), *Le Nouveau Testament en syriaque* (ES 14), 67-113.

[1] L'adjectif verbal "séparé" du Codex Curetonien le distingue de l'"harmonisé" du Diatessaron. Cf. M. SOKOLOFF, *A Syriac Lexicon*, 810.

[2] M.-J. LAGRANGE, *Évangile selon saint Matthieu*, XV.

Sur base de ces attestations concordantes tant sur le plan externe qu'interne à propos du nom de l'auteur du premier évangile, nous retenons que dès la haute antiquité, une certaine parenté était déjà reconnue entre l'apôtre Mt et l'évangile qui porte son nom[1]. Le titre sera un ajout postérieur qui, nous semble-t-il, ne faisait pas partie de la prédication orale de l'apôtre ni du texte hébraïque de Mt. Dans ce sens, la préposition κατά suivi de l'accusatif référerait – selon le point de vue du rédacteur final du premier évangile – soit à la prédication de l'apôtre Mt qui a servi de noyau originel à la rédaction hébraïque de l'évangile sur lequel se fonde sa rédaction finale. Soit, elle proviendrait de Mt lui-même désignant son témoignage *selon* la compréhension qu'il a des dits et faits de son Maître par rapport à celle des autres apôtres. Seulement, aucun manuscrit grec complet qui remonte à une époque proche de l'apôtre n'est disponible pour soutenir une pareille hypothèse. En effet, il paraîtrait absurde que Mt qui écrit sa propre œuvre fasse recours à la préposition κατά + accusatif et non pas au génitif d'auteur. Même Marc qui s'est appuyé sur la prédication de Pierre (cf. Irénée, Eusèbe[2]) n'a pas intitulé son évangile κατὰ Πέτρον. Il en est de même pour Luc qui a glané des informations auprès de Paul et d'autres dont Mt. Nous dirons donc que la préposition κατά est la mention d'une génération postérieure ; celle qui a suivi les contemporains de

[1] Cf. E. CHARPENTIER – LE POITTEVIN – S. LEGASSE, *Lettura del vangelo di Matteo*, 21 ; B. RIGAUX, *Testimonianza del vangelo di Matteo*, 16.

[2] Le texte d'Irénée sur le témoignage de Marc, voir Eusèbe, *H. E.*, V, 8, 2-4.

Mt dont témoignent Eusèbe[1] et Jean-Chrysostome[2]. Cette génération que certains savants identifient à l'école mathéenne a, dans le processus de canonisation du premier évangile, reconnu sous le label κατὰ Ματθάιον l'œuvre originelle de la prédication de l'apôtre Mt.

L'auteur implicite – tel que défini par la critique littéraire – qui émerge du texte de Mt est d'origine et de tradition juive. Un Juif de la diaspora hellénique ? Plusieurs spécialistes concluent que le style, le choix des thèmes, l'attention accordées aux usages juifs, l'emploi du vocabulaire typiquement sémitique, la technique des agrafes et l'art de composition qu'il combine et qui concourent à la cohérence et à la continuité interne de l'évangile font de l'évangile de Mt un texte sémitique[3]. Mais aussi le recours constant à l'Ancien Testament[4], les inclusions sémitiques, les parallélismes, les doublets, les répétitions, les chiasmes, les mots-crochets, la gématrie[5] trahissent en même temps dans le texte de Mt un certain idiolecte d'une main sémitique[6]. Toutefois, cette figure

---

[1] « Matthieu ayant d'abord prêché aux Hébreux, comme il devait aller vers d'autres, en livrant par écrit dans sa langue paternelle l'évangile qui porte son nom, compensa par l'écriture ce qui manquait de sa présence réelle en faveur de ceux dont il s'éloignait. », *H. E.*, III, 24, 5.

[2] « On dit que Matthieu, sur l'invitation de Juifs devenus chrétiens qui étaient venus le trouver, leur remit par écrit ce qu'il avait dit de vive voix, et qu'il composa dans la langue des Hébreux. », *Hom. in Matth.*, I, 3.

[3] Cf. U. LUZ, *La storia di Gesù in Matteo*, 14-18.

[4] Dorénavant désigné par AT.

[5] Cf. M. GRILLI, *Scriba dell'Antico e del Nuovo. Il Vangelo di Matteo*, 9 ; B. RIGAUX, *Testimonianza del vangelo di Matteo*, 36-46 ; M.-J. LAGRANGE, *Évangile selon saint Matthieu*, lxxx-cxii.

[6] Cf. B. RIGAUX est d'avis qu'au lieu de parler de sémitisme matthéen, il conviendrait d'employer le terme ''phrases idiomatiques palestiniennes'' du texte de Mt parce que, selon lui, une certaine étude

sémitique de l'auteur implicite est aussi caractérisée dans l'évangile par une certaine dualité thématique qui oscille entre l'unité de l'œuvre et la diversité de point de vue.

1.1.3. Contexte historique de la rédaction

Au-delà de l'unité organique du premier évangile – que l'on peut percevoir à travers les traces d'un arrangement du matériel aux attraits numériques : la disposition et la réorganisation du contenu en cinq blocs[1] – certains pensent que sa diversité du point de vue thématique est due à une multiplicité de rédacteurs[2]. D'autres ont même soutenu que le texte actuel de Mt est l'œuvre d'une certaine école de Mt[3]. Baur et l'école de Tübingen voient dans l'évangile une sorte de combinaison de style judéo-hellénique[4]. Cette impression que le premier évangile aurait connu plusieurs mains dans sa rédaction semble même compliquer sa datation. À y voir de plus près, nous avons l'impression que le texte de Mt laisse résonner trois voix qui correspondraient à trois différentes phases de sa rédaction : *la voix de Jésus* lui-même ; celle *de la communauté matthéenne* ; et celle *de son rédacteur*[5]. Ces

---

sur les sémitismes dans le N.T. attribue 329 cas à Mt, 113 à Mc et 422 cas à Lc. Cf. B. RIGAUX, *Testimonianza del vangelo di Matteo*, 36.

[1] D'après la subdivision de BACON. Cette structure est vue par J. HAWKINS, *Horæ synopticæ*, 163-165 comme un indice de la technique mnémonique juive d'une œuvre originairement orale de visée catéchétique ou liturgique.

[2] Cf. J. HAWKINS, *Horæ synopticæ*, 1, 165.

[3] Cf. F. MANNS, *Une approche juive du Nouveau Testament*, (InB), 92.

[4] Cf. F. C. BAUR, « Die Christuspartei in der Korinthischen Gemeinde, der Gegensatz des petrinischen und paulinischen Christentums in der ältesten Kirche, der Apostel Petrus in Rom », *TübZTh* 5, 4, 61-206 ; ID., *Das Chrisienthum und die christliche Kirche der drei ersten Jahrhunderte*, 1-174.

[5] Cf. B. MAGGIONI, *Il racconto di Matteo*, 6.

voix pourraient être assimilées à la phase de la composition de l'évangile par l'apôtre, à l'instant de sa relecture par rapport à la situation vécue par la communauté qui en fait la réception et au moment de l'ouverture de cette dernière à d'autres peuples vers qui se tourne aussi le rédacteur final. Nous tâcherons de présenter dans les lignes qui suivent quelques indices textuels qui soutiennent cette hypothèse.

De toute évidence, la Passion, la Mort et la Résurrection de Jésus constituent le contenu principal du premier kérygme chrétien (cf. 1Co 1, 17-18. 23 ; 2, 2.8 ; 2Co 13, 4 ; Ga 3, 1 ; 5, 11 ; 6, 12 ; He 12, 2). Plusieurs locutions caractéristiques de la Passion font partie du matériel traditionnel le plus ancien de la mémoire chrétienne. Les premiers rassemblements des disciples de la ''Voie'' après la Pâque de l'an 30 avaient pour but de faire mémoire de ces événements qui se sont très vite cristallisés dans la liturgie du partage de pain et de la coupe (cf. 1Co 10, 14-22 ; 11, 17-22. 23-26). Paul, le premier des écrivains du NT, bien qu'il parle assez peu de la vie de Jésus, enracine justement sa prédication dans le dernier événement de la vie de Jésus. Ses premiers écrits conservent la trace de la plus ancienne formule du *credo* chrétien : Jésus a été livré « παραδίδωμι » – nous reviendrons sur ce terme (Rm 4, 25 ; 8, 32 ; 1Co 11, 23 ; Ga 2, 20 ; Ep 5, 2. 25) – et est mort (Rm 5, 6. 8 ; 14, 15 ; 1Co 8, 11 ; 15, 3 ; 2Co 5, 14-15 ; 1Th 5, 10). À en croire Olivier-Thomas Venard :

« Les formules de foi primitives sautent de la naissance de Jésus à sa passion et sa mort : *natus ex Maria Virgine, passus sub Pontio Pilato* (le souvenir de Pilate dans le *credo* est préfiguré en 1Tm 6, 13). L'ellipse narrative reflète à la fois le peu de données biographiques précises sur le ministère, et la prépondérance du récit des derniers jours dans la parole chrétienne primitive. De fait, alors que leur ordonnance est ailleurs nettement plus diverse, les évangiles suivent presque le même déroulement depuis l'entrée dans Jérusalem jusqu'à la sépulture de Jésus. Les évangélistes, qui ont eu peu d'intérêt pour les liaisons chronologiques dans leurs comptes-rendus du ministère de Jésus, déploient alors un récit qui a la forme d'une chronique presque heure par heure. La "meilleure conclusion" à en tirer est que cette structure narrative s'est mise en place très tôt dans le processus de transmission et est demeurée fixe à travers toutes ses étapes jusqu'aux mises par écrits, ce qui suggère une tradition enracinée dans la mémoire de participants aux événements et transmise avec leur autorité. »[1]

La prédication de Mt ne déroge pas à cette règle : le *mémento* de la Passion constitue un leitmotiv caractéristique dans la prédication apostolique. De ce fait, le récit de la Passion est un noyau primitif dans la composition de l'évangile qu'il soit de Mc ou de Mt. La question synoptique n'étant pas l'objet de la présente recherche, nous admettons l'antériorité de Mc par rapport à Mt et nous laissons ouvert la question de savoir si Mt a recours à un texte hébreu/araméen[2] de Mc ou à un texte grec de Mc ou encore si ses citations de l'AT viennent du TM ou des LXX. En revanche, dans notre travail nous adhérons à l'hypothèse des *minor agreements*[3], c'est-à-dire qu'il existe des accords mineurs entre Mt et Lc contre Mc.

---

[1] Cf. O.-T. VENARD (ed.), *La Passion selon saint Matthieu. Matthieu 26 – 28*, (BEST), 10.

[2] Cf. M. CASEY, *An Aramaic Approach to Q : Sources for the Gospels of Matthew and Luke*, (SNTSMS 122), 51-63.

[3] Cf. A. M. FARRER, « On Dispensing with Q », D. E. NINEHAM (ed.), *Studies in the Gospels : Essays in Memory of R. H. Lightfoot* ; M. D. GOULDER, « Summary of the Hypothesis in Is Q a Juggernaut ? », *JBL* 115.

Si l'on situe la rédaction de Mc entre 60 et après la mort de Pierre – du fait que Mc ignore les détails de la première révolte juive en 66 et la chute de Jérusalem en 70[1] – alors Mt aurait composé son témoignage en hébreu très tôt, dans l'intervalle allant de 65 à avant 70[2]. Considérant la mission des douze vers les Juifs en Mt 10, l'emploi du terme ἐκκλησία en Mt 16, 18 ; 18, 17 et les références trinitaires connues très tôt par les chrétiens à une époque antérieure à 70 de notre ère (cf. 1Co 12, 4-6 ; 2Co 13, 14), et prenant en compte l'anti-pharisaïsme de Mt comme réponse à l'influence prépondérante des Pharisiens avant 70 selon le témoignage de Flavius Josèphe[3], l'on pourrait conclure que cette composition de Mt est la phase originelle de l'évangile où l'apôtre fait entendre *la voix de Jésus* à travers ses dits et ses faits.

Par ailleurs, on remarque aussi que Mt est constitué dans son ensemble de "récits inclusifs" : la narration du récit de l'histoire de Jésus imbrique en même temps l'expérience présente de la communauté des lecteurs qui en fait la réception[4]. Là on peut reconnaître *la voix de la communauté matthéenne*. À titre indicatif, les allusions quasi évidentes à la chute de Jérusalem en Mt 22, 7, la parabole du banquet nuptial en Mt 24, les diatribes contre les scribes et les Pharisiens en Mt 23 – accompagnées des expressions comme ἐν ταῖς συναγωγαῖς αὐτῶν "dans leurs

---

[1] Cf. R. E. BROWN, *Que sait-on du Nouveau Testament ?*, 204-205.

[2] Cf. R. H. GUNDRY, *Matthew*, 601-609 ; ID., *The Use of the Old Testament in St. Matthew's Gospel, with Special Reference to the Messianic Hope*, 178-179 ; J. NOLLAND, *The Gospel of Matthew*, 16 ; R. T. FRANCE, *The Gospel of Matthew*, (NICNT), 18-19. Considérant la date de décès de Mt en Éthiopie vers 71 ap. J.C.

[3] Cf. F. JOSÈPHE, *B. J.*, II, 8. 14 § 162 ; ID., *A. J.*, XVIII, 1. 3 § 15. Voir aussi J. A. OVERMAN, *Matthew's Gospel and Formative Judaism : The Social World of the Matthean Community*, 38-43 ; F. MANNS, *Le Judaïsme*, (ASBF 36), 148.

[4] Cf. U. LUZ, *La storia di Gesù in Matteo*, 22.

synagogues'' (Mt 4, 23 ; 9, 35 ; 10, 17 ; 12, 9 ; 13, 54), ταῖς συναγωγαῖς ὑμῶν ''à vos synagogues''(Mt 23, 34), οἱ γραμματεῖς αὐτῶν ''leurs scribes'' (Mt 7, 29) insinuant de violentes persécutions qui mettent à l'épreuve cette communauté dont la charte de vie est établie en Mt 18 et 19 – semblent indiquer la phase de la relecture du noyau originel de l'évangile dont le compilateur peut être considéré comme un témoin de la rupture entre la synagogue et la communauté désormais chrétienne. Cette seconde phase rédactionnelle peut être située légèrement après 70 de notre ère, c'est-à-dire entre 80 et 85[1], période à laquelle le judaïsme rabbinique issu de la branche pharisienne[2] se radicalise à Javné, notamment par l'ajout de *Birkat hā-minîm* au *Šemoneh 'Ešreh*[3]. C'est aussi en ce moment même que l'accès au rouleau des textes hébraïques devenait difficile aux dissidents de la synagogue[4]. C'est peut-être pour cette raison que Zahn dira que l'évangile de Mt est une apologie historique du Nazaréen et de sa communauté contre le judaïsme[5].

---

[1] Cf. E. CHARPENTIER – LE POITTEVIN – S. LEGASSE, *Lettura del vangelo di Matteo*, 18 ; B. RIGAUX, *Testimonianza del vangelo di Matteo*, 19.

[2] Cf. D. FLUSSER, *Le fonti ebraiche del cristianesimo delle origini*, 24-28.

[3] Cf. D. FLUSSER, « The Jewish-Christian Schism », ID. (ed.), *Judaism and the Origins of Christianity*, 617-644 ; D. ATTINGER, *Evangelo secondo san Matteo*, 19-20 ; B. RIGAUX, *Testimonianza del vangelo di Matteo*, 19 ; E. CHARPENTIER – LE POITTEVIN – S. LEGASSE, *Lettura del vangelo di Matteo*, 18 ; D. JAFFÉ, *Le Talmud et les origines juives du christianisme. Jésus, Paul et les judéo-chrétiens dans la littérature talmudique*, (InB), 121-131.

[4] Cf. R. H. GUNDRY, *The Use of the Old Testament in St. Matthew's Gospel, with Special Reference to the Messianic Hope*, 179.

[5] Cf. T. ZAHN, *Einleitung in das neue Testament*, II, 294. OVERMAN et SALDARINI pensent plutôt que Mt écrit entre 80 et 85 de notre ère et que les désaccords entre Jésus et les Pharisiens qui transparaissent dans l'évangile de Mt reflètent la situation de la communauté encore *intra-muros*. Il s'agit notamment d'un conflit d'interprétation de

Certains auteurs pensent que ce divorce une fois consommé, la communauté affranchie de la synagogue se considère désormais comme ‘‘lumière du monde’’ (cf. Mt 5, 13-16). Elle substituerait alors la mission confiée à Israël auprès de toutes les nations (Mt 24, 9. 14 ; 25, 32 ; 28, 19)[1]. Cette prise de conscience d'une communauté missionnaire ouverte à l'universalisme qui intègre les Gentils[2] transparaît par exemple dans la reprise de la citation d'Isaïe en Mt 4, 16, mais aussi à travers la mention des Mages (Mt 2, 1-12), les invités au banquet (Mt 22, 9), toutes les nations du monde (Mt 8, 11 ; 24, 14 ; 26, 13), les foules immenses (Mt 4, 25), les païens comme le centurion et la cananéenne (Mt 8, 5-13 ; 15, 21-28 ; 27, 54). Il s'agirait d'une phase successive que caractérise le travail de *la rédaction finale*. Elle serait intervenue entre 80 et 90[3] de notre ère. Elle reflète la période de l'ouverture de la communauté chrétienne déjà *extra-muros* aux Gentils[4].

Nous suivons les avis des récentes études sur la rédaction finale de Mt : le texte grec du premier évangile

---

l'Écriture au sein même de la synagogue comme il advient quelque fois dans le milieu juif. W. D. DAVIES, *The Setting of the Sermon on the Mount*, 315 considère plutôt l'évangile de Mt comme une réponse, presque point par point, au défi posé par l'académie rabbinique de Javné.

[1] Cf. V. MORA, *Le refus d'Israël : Matthieu 27, 25*, (LD 124).

[2] Cf. E. CHARPENTIER – LE POITTEVIN – S. LEGASSE, *Lettura del vangelo di Matteo*, 19-20.

[3] Cf. D. J. HARRINGTON, *Il Vangelo di Matteo*, (SP 1), 7 ; O. DA SPINETOLI, *Matteo. Il vangelo della chiesa*, 39 ; M. MUNARI, *Il compimento della Torah. Gesù e la Scrittura in Mt 5, 17-48*, (ASBF 81), 8. En revanche, D. JAFFE, *Le Talmud et les origines juives du christianisme. Jésus, Paul et les judéo-chrétiens dans la littérature talmudique*, (InB), 121 considère qu'en cette époque le conflit entre Juifs et judéo-chrétiens se déroule à l'intérieur du judaïsme alors que le judaïsme et christianisme ne se sont pas encore séparés.

[4] Cf. E. SCHWEIZER, *Matteo e la sua comunità*, 14-15.

ne saurait être une traduction assez libre d'un original sémitique comme l'avait soutenu Lagrange[1]. Bien que le style de l'évangile ne soit pas aussi travaillé que celui de Lc mais bien plus proche d'un style oral, le texte grec de Mt n'est pas pourtant de mauvaise qualité : « il ne contient ni fautes d'accord, ni fautes de conjugaison, ni fautes patentes contre la syntaxe »[2]. La deuxième et la troisième phases de rédaction seraient l'œuvre d'un rédacteur judéo-hellénique[3] qui, partant d'un noyau primitif sémitique écrit par l'apôtre[4], a assumé sa propre responsabilité d'auteur[5]. Ce qui pourrait expliquer que les citations de l'AT proches des TM retrouvées dans le texte de Mt proviendraient de ce

---

[1] Cf. M.-J. LAGRANGE, *Évangile selon saint Matthieu*, cxii.

[2] J. CARMIGNAC, *La naissance des Évangiles synoptiques*, 11.

[3] Sur le débat au sujet d'un rédacteur ethnico-chrétien, judéo-chrétien écrivant pour une communauté ethnico-chrétien, judéo-chrétien ou mixte, voir K. W. CLARK, « The Gentile Bias in Matthew », *JBL* 66, 165-172 ; W. TRILLING, *Il vero Israele*, orig. en allemand, *Das wahre Israel* (EThSt 7), 283 ; J. MEIER, *The Vision of Matthew*, 17-25 ; K. STENDAHL, *The School of St. Matthew and its Use of the Old Testament*, xiii s ; W. D. DAVIES – D. C. ALLISON, *The Gospel according to Saint Matthew*, I, (ICC), 137ss ; J. A. OVERMAN, *Matthew's Gospel and Formative Judaism : The Social World of the Matthean Community*, 157ss ; A. J. SALDARINI, « The Gospel of Matthew and the Jewish-Christian Conflict », D. BALCH (ed.), *Social History of the Matthean Community*, 38-61 ; H. FRANKEMÖLLE, *Jahwe-Bund und Kirche Christi. Studien zur Form-und Traditionsgeschichte des ''Evangeliums'' nach Matthäus*, (NTAbh 10), 257-264 ; D. FLUSSER, « Two Anti-Jewish Montages in Matthew », ID. (ed.), *Judaism and the Origins of Christianity*, 559 propose un chrétien de la gentilité comme rédacteur de ces parties.

[4] Selon un témoignage d'Eusèbe de Césarée, « Mt ayant d'abord prêché aux Hébreux, comme il devait aller vers d'autres, en livrant par écrit dans sa langue paternelle l'évangile qui porte son nom, compensa par l'écriture ce qui manquait de sa présence réelle en faveur de ceux dont il s'éloignait » (cf. *H. E.*, III, 24, 5).

[5] Cf. B. RIGAUX, *Testimonianza del vangelo di Matteo*, 18.

noyau primitif. Elles sont, pour la plupart, propres à Mt[1]. Tandis que le recours à la version des LXX de l'AT serait dû au travail de la rédaction finale qui s'est fait directement en grec[2]. Selon Lagrange, « les mémoires des Apôtres, ce sont les évangiles, et c'est aussi l'évangile (cf. *Dial.* X, 2 ; c, 1) ; la personnalité des rédacteurs n'entre en scène que lorsqu'il est question de la rédaction elle-même »[3]. L'on dirait que l'évangile de Mt conserve une âme invisiblement sémitique dans un corps visiblement hellène[4].

Ce judéo-hellénique se désigne vraisemblablement dans l'évangile comme *un scribe devenu disciple du Royaume des Cieux qui tire de son trésor du neuf et du vieux* (cf. Mt 13, 52). Cette énonciation a porté certains commentateurs à considérer que le rédacteur final de Mt serait un scribe juif converti au christianisme provenant d'un autre milieu que Jérusalem. Ortensio Da Spinetoli, Zumstein, Urlich Luz, Massimo Grilli et ceux qui les suivent estiment qu'un centre urbain, probablement Antioche de Syrie, conviendrait mieux comme localisation de la rédaction de Mt[5] eu égard, entre autres raisons, au coût de la production des textes.

---

[1] Cf. J. HAWKINS, *Horae synopticae*, 154-158 ; M.-J. LAGRANGE, *Évangile selon saint Matthieu*, cxvii-cxxiv.

[2] Cf. D. FLUSSER, *Le fonti ebraiche del cristianesimo delle origini*, 57.

[3] M.-J. LAGRANGE, *Évangile selon saint Matthieu*, x.

[4] Cf. J. CARMIGNAC, *La naissance des Évangiles synoptiques*, 11.

[5] Cf. O. DA SPINETOLI, *Matteo. Il vangelo della chiesa*, 6, 39-40 ; U. LUZ, *La storia di Gesù in Matteo*, 32. LUZ ajoute qu'on ne sait pas pourquoi et quand la communauté de Mt aurait abandonné Israël. Il semblerait que ce déplacement soit dû à la révolte juive de 66-70 qui obligeait beaucoup de Juifs à quitter le pays. Ou bien ce pourrait être à cause des hostilités et persécutions en Israël auxquelles font allusion Mt 5, 11. 44 ; 10, 17-23 ; 23, 34 que la communauté quittera Israël pour s'installer en Syrie. J. ZUMSTEIN, « Antioche sur l'Oronte et l'Évangile selon Matthieu », *Miettes exégétiques* (MdB 25), 151-167 ; M. GRILLI, *Scriba dell'Antico e del Nuovo. Il Vangelo di Matteo*, 10.

Toutefois, leurs arguments aux allures séduisantes ne convainquent plus personne aujourd'hui. Il suffit de voir le foisonnement de textes de la Mer Morte pour se rendre compte que la production des textes était possible en Palestine. Bien plus, l'ordre donné par Jésus aux disciples de se diriger d'abord vers les brebis perdues de la maison d'Israël (Mt 10, 6) dit quelque chose de son *Sitz im Leben.* La reprise des techniques de rédaction et d'interprétation de l'Écriture utilisées par des Juifs écrivant même en grec ne pourrait dénier une possible localisation de Mt en Palestine[1]. David Flusser après avoir étudié les écrits de Philon d'Alexandrie, allègue que ces techniques sont, pour la plupart, proches voire influencées par l'exégèse juive palestinienne que l'on retrouve dans les rouleaux de la Mer Morte[2]. Par ailleurs, la précision avec laquelle Mt décrit les usages juifs ainsi que sa connaissance de la géographie de la région ne peut que faire penser à une origine palestinienne de l'évangile[3]. Cependant, déterminer dans quelle localité de la Palestine la rédaction s'est faite dépasse nos possibilités pour le moment.

1.2. Mt, l'évangile de l'accomplissement des Écritures

Le premier évangile a la réputation d'être le chantre de l'accomplissement des prophéties de l'AT à travers cette

---

[1] Cf. B. T. VIVIANO, *Matthew and his world : The Gospel of the Open Jewish Christians Studies in Biblical Theology*, (NTOA 61), 10, 14-15, 22.

[2] Cf. D. FLUSSER, *Le fonti ebraiche del cristianesimo delle origini*, 57-58. Voir aussi K. STENDAHL, *The School of St. Matthew and its Use of the Old Testament*, 195.

[3] Cf. M. MUNARI, *Il compimento della Torah. Gesù e la Scrittura in Mt 5, 17-48*, (ASBF 81), 8 n. 3.

formula-citations[1] : τοῦτο δὲ ὅλον γέγονεν ἵνα πληρωθῇ τὸ ῥηθὲν ὑπὸ κυρίου διὰ τοῦ προφήτου λέγοντος (1, 22 ; 2, 15. 17. 23 ; 4, 14 ; 8, 17 ; 12, 17 ; 13, 14. 35 ; 21, 4 ; 26, 56 ; 27, 9). Ce refrain stéréotype introduit les citations dites d'accomplissement – *Reflexionszitate*[2] ou *Erfüllungszitate*[3]. Visiblement, la formule de Mt a un parallèle dans l'AT. Elle est plus proche de celle qu'on trouve en 2Chr 36, 21-22[4] : לְמַלֹּאות דְּבַר־יְהוָה בְּפִי יִרְמְיָהוּ / ἵνα πληρωθῇ τὸ ῥηθὲν ὑπὸ κυρίου διὰ Ἰερεμίου τοῦ προφήτου "Afin que soit/pour que soit accompli la parole du Seigneur à travers/dans la bouche du prophète (Jérémie)". En Mt, il existe encore d'autres formules du même genre telles que : οὕτως γὰρ γέγραπται διὰ τοῦ προφήτου (2, 5) ; οὗτος γάρ ἐστιν ὁ ῥηθεὶς διὰ Ἠσαΐου τοῦ προφήτου λέγοντος (3, 3) ; γέγραπται γὰρ ὅτι (4, 6 ; 26, 31). Une telle fréquence de références à l'Écriture n'est pas fortuite. Après l'abandon de la théorie de *Testimonia*[5] dont les traces subsistent encore en *4QTest* ; *4QFlor* ; Rm 9, 32-33 ; 1P 2, 6. 8, des spécialistes – Stendahl[6] en premier,

---

[1] Cf. J. MILER, *Les citations d'accomplissement dans l'évangile de Matthieu. Quand Dieu se rend présent en toute humanité*, (AnBib 140), 7.

[2] Cf. W. SOLTAU, « Zur Entstehung des ersten Evangeliums », *ZNW* 1, 221.

[3] Cf. W. ROTHFUCHS, « Die *Erfüllungszitate* des Matthäus-Evangelium », *Beiträge zur Wissenschaft vom Alten und Neuen Testament* 88, 20-21 ; W.-G. KÜMMEL, *Introduction to the New Testament*, 110 n. 23 ; J. A. FITZMYER, « The Use of Explicit Old Testament Quotations in Qumran », *NTS* 7, 331 ; R. E. BROWN, *The Birth of the Messiah : A Commentary on the Infancy Narratives in the Gospels of Matthew and Luke*, 96-97 n. 1.

[4] Cf. R. E. MENNINGER, *Israel and the Church in the Gospel of Matthew*, (AUS 162), 65.

[5] Cf. W. C. ALLEN, *Gospel according to St. Matthew*, lxii ; A. H. MCNEILE, *The Gospel according to St. Matthew*, 9.

[6] Cf. K. STENDAHL, *The School of St. Matthew and its Use of the Old Testament*, 35.

partant de *1QpHab* – ont investigué sur un possible lien entre Mt et la méthode d'interprétation de *Pešer* de Qumran[1] à propos de son utilisation de l'AT. Aujourd'hui, les études s'accordent sur le fait que cette méthode de lecture d'accomplissement de l'Écriture était, en son temps, le mode opératoire des prédications synagogales des apôtres aux Juifs (cf. Ac 3, 18 ; 9, 22 ; 13, 27 ; 17, 2-3)[2]. Ainsi, si Mt est qualifié de plus juif des synoptiques, c'est surtout à cause de son rapport à l'Écriture juive : 55 citations explicites de l'AT en Mt contre 26 en Mc et 27 en Lc[3]. Pour Daniel J. Harrington, Mt est incompréhensible sans référence à la Bible hébraïque et aux autres écrits hébraïques[4]. D'où, la nécessité indispensable pour le lire est de recourir à l'arrière-fond vétérotestamentaire auquel il se réfère[5].

La lecture et l'interprétation de l'Écriture chez Mt sont typiquement proches – bien qu'elles ne soient pas les mêmes – du travail des scribes et de l'herméneutique juive

---

[1] Cf. C. WALTER – Jr. KAISER, *The Uses of the Old Testament in the New*, 44-57 ; A. ITO, « Matthew and the Community of the Dead Sea Scrolls », *JSNT* 48, 23-42. Le *Pešer* est un procédé d'interprétation pratiqué couramment à Qumran. Il consiste à décrire une situation présente dans les termes d'un passage de l'AT.

[2] Cf. R. E. MENNINGER, *Israel and the Church in the Gospel of Matthew*, (AUS 162), 69 ; B. GÄRTNER, « The Habakkuk Commentary (DHS) and the Gospel of Matthew », *ST* 8, 1-24 ; R. H. GUNDRY, *The Use of the Old Testament in St. Matthew's Gospel, with Special Reference to the Messianic Hope*, 155-159.

[3] Cf. D. ATTINGER, *Evangelo secondo san Matteo*, 25 n. 2 ; Par ailleurs, E. CHARPENTIER – LE POITTEVIN – S. LEGASSE, *Lettura del vangelo di Matteo*, 22-23 pensent que Mt a 130 références directes à l'AT dont 43 citations explicites. C. WALTER – Jr. KAISER, *The Uses of the Old Testament in the New*, 43, comptent prudemment 65 citations formelles.

[4] Cf. D. J. HARRINGTON, *Il Vangelo di Matteo*, (SP 1), 19.

[5] Cf. B. MAGGIONI, *Il racconto di Matteo*, 6-7.

dont la *Tosephta* en résume les règles[1]. L'herméneutique juive fait d'un texte plus clair le principe d'explication pour un autre texte moins clair à condition que, soit ces deux textes parlent d'un même sujet, soit parce qu'ils contiennent le même mot[2]. Cette exégèse est déjà courante dans le judaïsme du Ier s. de notre ère, en particulier dans les livres des Chroniques[3] et dans les *Pešarîm* des Manuscrits de la Mer Morte comme nous l'avons dit précédemment. Cependant, Mt recourt à cette méthode d'interprétation en lui attribuant une nouvelle orientation : dans la relecture de l'Écriture, il intègre le message historique de Jésus relu à la lumière de la Passion, de la Mort et de la Résurrection du Christ et à celle de l'Écriture[4]. Autrement dit, *l'événement Christ* est pour Mt le paramètre explicatif des textes de l'AT et son propre critère d'accomplissement.

1.2.1. L'Écriture s'interprète elle-même

Le phénomène qui consiste à citer un passage de l'Écriture, à expliquer et rechercher le sens de l'Écriture s'observe déjà dans l'AT. Il est connu sous le nom de *Midrash*[5] quand ce recourt à l'Écriture vise une interprétation actualisée. Cette opération exégétique courante dans la pratique scribale juive connaît un intérêt

---

[1] Cf. *t. Sanh.* 7, 11. Voir F. MANNS présente ces *middot* (mesures) attribuées à Hillel l'ancien dans un article « Exégèse rabbinique et exégèse johannique », *RB* 92, 525-538. Il en fourni une synthèse dans son ouvrage *Une approche juive du Nouveau Testament*, (InB), 51-53.

[2] Cf. F. MANNS, *Une approche juive du Nouveau Testament*, (InB), 53.

[3] Cf. F. MANNS, *Une approche juive du Nouveau Testament*, (InB), 8.

[4] Cf. F. MANNS, *Une approche juive du Nouveau Testament*, (InB), 8.

[5] Cf. R. LE DEAUT, « À propos d'une définition de Midrash », *Bib* 50, n° 3, 395-413 ; F. MANNS, *Le Midrash. Approche et commentaire de l'Écriture*.

accru à l'époque de la rédaction des récents livres de l'AT. La fonction midrashique consiste essentiellement à l'éclaircissement des textes, à la résolution des contradictions, à la précision des nouvelles traditions et à la proposition des nouvelles interprétations. Ceci dans le but d'élargir les horizons interprétatifs qui ouvrent la possibilité à d'autres dimensions de compréhension du texte dont le sens rejoint la *Torah* orale[1]. Dans le même sillage, les rabbins pouvaient admettre que le texte de l'Écriture avait soixante-dix sens[2]. Cela fait affirmer Frédéric Manns que « le texte est comme une partition musicale susceptible d'exécutions différentes et multiple »[3].

Les auteurs du NT issus du judaïsme reconnaissent que les dits et les faits de la vie de Jésus sont l'accomplissement de la *Torah*. Aux fins de signifier que le dessein de Dieu dans l'économie du salut se réalise en Jésus, ces auteurs ont naturellement interprété l'Écriture au moyen des techniques juives d'interprétation et de transmission qui étaient à leur portée et en vigueur à leur époque. Les apôtres et, à leur suite, les évangélistes ont aussi interprété le fait pascal à la lumière de l'Écriture (cf. 1Co 15, 3-4). Ce qui veut dire que la lecture et l'étude de leurs textes devront, dans une certaine mesure, considérer les implications de différents procédés interprétatifs de l'Écriture contemporains à la rédaction du NT. Pour la méthodologie, notre étude de l'arrière-fond juif de Mt 27, 25 tiendra compte de sept éléments d'analyse proposés par Frédéric Manns[4] qui recommande à propos de l'étude de

---

[1] Cf. *Sifra Be-Ḥoukotai* II, 12 : 8 ; *y. Berakh.* 5a ; *y. Pea* 16d ; *Ex R.* 28, 6.

[2] Cf. *Nb R.* 13, 13 ; *y. Sanh.* 34a. Voir aussi F. MANNS, « Lire les Écritures en Église », *RSR* 69, n° 4, 436.

[3] F. MANNS, *Études johannique*, 5.

[4] Cf. F. MANNS, *Une approche juive du Nouveau Testament*, (InB), 20-22.

l'arrière-fond juif d'un texte du NT qu'un examen sérieux soit fait à partir de : (1) citations explicites ou implicites de l'Écriture ; (2) techniques herméneutiques juives reprises dans le NT ; (3) en ce qui concerne la liturgie juive, l'étude des fêtes juives dans la littérature rabbinique ; (4) l'étude des institutions juives ; (5) la rétroversion des *logia* du grec en hébreu ou en araméen ; (6) l'étude de la présence des sémitismes ; (7) l'étude des concepts communs au judaïsme et à l'hellénisme.

Puisque Mt 27, 25 est un *bien propre* de Mt, pour le comprendre, nous considérons qu'il doit être rapproché de tous les passages propres à cet évangile. C'est seulement ainsi que nous aurons quelque chance de saisir la pensée de Mt et partant, le message qu'il livrait aux chrétiens des premières générations[1]. Nous nous limiterons à ne présenter que trois textes auxquels nous appliquerons ces éléments d'analyse de Frédéric Manns. Le choix de Mt 1, 21 ; 23, 35 et 26, 28 n'est pas aléatoire car nous les considérons comme des marqueurs rédactionnels importants dans l'ensemble de la composition de Mt ayant une certaine relation sémantique qui contribuent efficacement à la compréhension de Mt 27, 25. Cette esquisse méthodologique est l'exemple de ce qui constituera notre étude de Mt 27, 25.

1.2.2. Mt 1, 21

τέξεται δὲ υἱόν, καὶ καλέσεις τὸ ὄνομα αὐτοῦ Ἰησοῦν· αὐτὸς γὰρ σώσει τὸν λαὸν αὐτοῦ ἀπὸ τῶν ἁμαρτιῶν αὐτῶν.

La rétroversion hébraïque de ce verset permet de souligner un sémitisme assez courant dans l'AT. Il s'agit

---

[1] Cf. V. MORA, *Le refus d'Israël : Matthieu 27, 25*, (LD 124), 14.

de la célèbre formule des récits d'annonciation ... ותלד בן ותקרא שמו (Gn 16, 11 ; 17, 19 ; 1R 13, 2 ; Is 7, 14 ; 1Chr 22, 9). Au sujet de ces textes le *Pirqe de Rabbi Éliézer*[1] mentionne six personnages qui furent appelés par leur nom dès avant leur naissance : Moïse[2], Ismaël, Isaac, Salomon, Josias et le Messie[3]. À propos de ce dernier, aucun de ces passages cités ci-dessus n'en racontent la naissance. Ce qui donne lieu à des spéculations à son sujet dans le débat juif préchrétien. La tradition juive concevait, tout d'abord, le Messie comme une des entités protoctistes ; ensuite, elle attribuait un nom à ce Messie qu'elle considère antérieure à la création. Ce nom lui devait être donné à partir des œuvres qu'il accomplira lors de son entrée historique dans le temps. Plusieurs noms suggérés dans la littérature juive ancienne et tardive, dont le *Midr Ps* 19 §21 en fait la somme, trouvent aussi des échos dans la littérature néotestamentaire. Paul Billerbeck a ainsi rassemblé un grand nombre de ces noms d'importance inégale provenant de la littérature rabbinique[4]. Le NT reconnaît au Messie les attributs de ‘‘Prince de la paix’’[5] (cf. Mt 5, 9 ;

[1] Cf. *Pirqe R. E.*, 32. Entendu que ce texte du IXe s. prolonge la liste de *M[e]kh. Ex* 13, 2 et *Gn R.* 45 (entre IIIe et IVe s.) qui eux, nomment Isaac, Salomon et Josias comme trois personnages ayant reçu leur nom de la bouche même de Dieu.

[2] Par le fait que בשגם de Gn 6, 3 a la même valeur numérique (345) que משה.

[3] La préexistence du Messie semble avoir été déduite assez tôt par la Tradition juive. La littérature péritestamentaire, dans les commentaires sur le Ps 72, 17 et Mi 1, en parle dans le contexte des spéculations sur les entités protoctistes. Voire : *1Enoch* 48, 3. 6 ; *y. Pessaḥ.* 54a ; *y. Ḥag.* 14a sur Dn 7, 9 ; *Gn R.* 152 sur Is 11, 1-2 ; *Gn R.* 161b sur Ps 36, 10 et Gn 1, 4 ; *y. Sukka* 52a sur Za 2, 3 ; *y. Sanh.* 98c sur Ps 72, 12.

[4] Cf. H. L. STRACK – P. BILLERBECK, *Kommentar zum Neuen Testament aus Talmud und Midrasch*, I, 64-67.

[5] Cf. Is 9, 5.

Eph 2, 14) ; de ‘‘fort et doux’’[1] (cf. Mt 3, 11 ; 11, 29) ; du ‘‘Premier’’[2] (cf. Ap 22, 13) ; de ‘‘Fils de David’’[3] (cf. Mt 1, 1) ; de ‘‘Jinnon’’[4] : celui qui ressuscite ceux qui dorment dans la poussière (cf. Mt 27, 50-53 ; Jn 11, 25) ; de ‘‘consolateur’’[5] (cf. Mt 5, 4) ; de ‘‘celui qui se charge des douleurs de son peuple’’[6] (cf. Mt 8, 17) ; de ‘‘YHWH est notre justice’’[7] (cf. Mt 5, 6 ; 11, 19) ; de ‘‘germe’’[8] (cf. Mt 1, 16) ; de ‘‘la lumière’’[9] (cf. Mt 5, 14 ; Jn 8, 12) ; de ‘‘celui qui vient dans les nuées’’[10] (cf. Mt 26, 64).

Toujours est-il que dans le rapport entre l’AT et le NT au sujet du nom de Messie Mt cite le texte d’Is 7, 14. Toutefois, le nom de ישוע que Mt 1, 21 attribue au Messie ne corrobore pas le choix du nom de l’enfant que devra attendre Achaz en Is 7, 14. Il ressort dans ce cas que la citation d’accomplissement de Mt 1, 23 soit une construction midrashique du modèle vétérotestamentaire des récits de naissance. En rapprochant ces deux versets, il semble que Mt veut éclairer le texte d’Isaïe par la naissance de Jésus. Il est vrai que dans l’étude intertextuelle, la syntaxe grecque de Mt 1, 21 nous semble proche du TM d’Is 7, 14. Seulement, l’on peut se demander à quel niveau cette prophétie d’Isaïe se serait accomplie en Mt puisque le nom annoncé par Isaïe n’est pas celui donné à l’enfant de Joseph en Mt quoique dans sa généalogie Mt cite Achaz comme ancêtre de Jésus et arrière grand-parent de Joseph (cf. Mt 1, 9. 16).

---

[1] Cf. Za 9, 1 ; *Sifre Dt* 1, 65a ; *Pesiq* 143a.
[2] Cf. Is 41, 27 ; 44, 6 ; Jr 17, 12 ; *Pesiq* 5a ; *Gn R.* 63.
[3] Cf. *y. Sanh.* 38b ; *y. Berakh.* 2, 4.
[4] Cf. *y. Sanh.* 98b ; *Mdr Ps* 93, 2 ; *Pirqe R. E.* 32.
[5] Cf. *y. Sanh.* 98b ; *y. Berakh.* 2, 4.
[6] Cf. Is 53, 4 ; *y. Sanh.* 98b.
[7] Cf. Jr 23, 6 ; Is 43, 7 ; *y. B. Bat.* 75b.
[8] Cf. Is 11, 1-2 ; Za 6, 12 ; *y. Berakh.* 2, 4 ; *4QCommGen A* 5, 3-4.
[9] Cf. Is 60, 1 ; Dn 1, 16 ; *Gn R.* 1.
[10] Cf. Dn 7, 13 ; *Tg. 1Chr* 3, 24.

Cela étant, une note de la critique textuelle mérite notre attention. Au lieu de lire καλέσεις en Mt 1, 23 comme le propose le Codex D : ‘‘tu l'appelleras'', il faudrait privilégier la lecture des Codex B et א qui emploient le pronom impersonnel conformément au contexte et à la syntaxe du TM d'Isaïe : καλέσουσιν ‘‘ils l'appelleront'' ou ‘‘on l'appellera'' ; entendu que ce nom lui sera donné par d'autres, notamment par ‘‘son peuple'' (cf. Mt 1, 21) au regard de sa mission qui consiste à sauver le peuple[1]. Pour Mt, la prophétie de l'Emmanuel s'accomplit en Jésus. Cela est beaucoup plus clair dans cette grande inclusion qu'il fait dans son évangile où ישוע (Mt 1, 21) apparaît au début et עִמָּנוּ אֵל (Mt 28, 20) intervient à la fin. Entre les deux versets s'observe une ellipse narrative de ces termes qui maintient chez les lecteurs de Mt une tension qui va *crescendo* jusqu'à la fin de son évangile où apparaît finalement, au moyen d'une périphrase, le nom de עִמָּנוּ אֵל dans lequel le Messie s'énonce et s'identifie[2]. Ce changement de nom annoncé par la prophétie, Mt l'aurait opéré en vertu du principe herméneutique juif כיוצא בו ממקום אחר [3] qui veut qu'un passage obscur soit lu à la lumière d'un texte clair. Autrement dit, la mission déclinée par Jésus conformément à la charge sémantique du nom de ישוע qui remplit cette ellipse narrative matthéenne éclaire et explique la prophétie de l'Emmanuel.

---

[1] Cf. J. MILER, *Les citations d'accomplissement dans l'évangile de Matthieu. Quand Dieu se rend présent en toute humanité*, (AnBib 140), 30. Pour MILER, Mt et les membres de sa communauté sont également à inclure dans ce pronom impersonnel.

[2] Cf. J. P. HEIL, *The Death and Resurrection of Jesus. A Narrative-Critical Reading of Matthew 26 – 28*, 7-8 sur base de la critique narrative, considère le récit de l'enfance (1 – 2) comme prolepse aux chapitres 26 – 28.

[3] Ceci se traduit littéralement ‘‘comme il ressort d'un autre passage''. C'est-à-dire, un passage plus clair qui explique un passage obscur.

Bien plus, *Gn R* 37 revient sur l'importance particulière que les Juifs accordaient à l'attribution d'un nom à un nouveau-né. Le nom donné à l'enfant évoquait ou présageait un événement ou une situation donnée notamment les circonstances autour de sa naissance. C'est ainsi que le nom de יהושע [1] donné à Jésus – qui signifie "l'aide", "la générosité", ou "le salut"[2] – dont le sang est appelé sur le peuple en Mt 27, 25 devrait être compris comme le salut du peuple. HALOT indique que יהושע est le premier nom dans l'AT contenant le nom de YHWH à l'exception de יוֹכֶבֶד (Ex 6, 20)[3]. Il renvoie à l'œuvre de salut que YHWH a accomplie, à la suite de Moïse son prophète, par le ministère de Josué. Aux lecteurs de Mt, ce nom cité au seuil de l'évangile capte leur attention sur l'œuvre de salut et de rédemption qui s'accomplira par ce nouveau-né. Les *Testaments des douze Patriarches*, un texte qui date probablement de l'époque préchrétienne, désigne explicitement le Messie comme *celui qui doit racheter Israël*[4]. Il jugera et sauvera tous ceux qui invoquent le Seigneur[5]. L'œuvre salvatrice du Messie est aussi soulignée dans le *Livre d'Énoch*[6] et dans le *Midr Ps* 36, 6 (125b). Pour dire que l'espérance du peuple juif en la rédemption d'Israël à travers un Messie puissant et rédempteur – à travers un גואל. Ce nom distingue le Messie

---

[1] Cf. Ex 17, 9-10 ; Nb 11, 28 ; Dt 1, 38 ; Js 1, 1 ; Jg 1, 1 ; 1S 6, 14 ; 1R 16, 34 ; 2R 23, 8 ; Ag 1, 1 ; Za 3, 1 ; 1Chr 7, 27. Son racourci s'écrit ישוע (cf. Esd 2, 2 ; Ne 3, 19 ; 1Chr 24, 11 ; 2Chr 31, 15).

[2] Cf. J. MILER, *Les citations d'accomplissement dans l'évangile de Matthieu. Quand Dieu se rend présent en toute humanité*, (AnBib 140), 26 n. 47 : L'association entre le nom et l'idée de salut était connue et rependue à la fin du Ier s., aussi bien en hébreu qu'en grec. Ce lien est attesté en Si 46, 1 ; PHILON, *Mut. Nom.* 121 ; *b. Sota* 34b ; *Nb R.* 13, 16 ; JUSTIN, *1Ap* 33, 7 ; *2Ap* 6, 4.

[3] Cf. HALOT, II, 397.

[4] Cf. *4QLevi* 2.

[5] Cf. *Test. Juda* 24.

[6] Cf. *1Enoch* 46, 4 ; 48, 5. 7. 10 ; 100, 4.

de sauveurs humains comme Moïse, Esther, etc. – qui détruira les puissances païennes et libérera Israël de l'esclavage a été un thème très tôt développé. *Avot*, le premier article de *Šemôneh 'Ešreh*, s'en fait l'écho :

בָּרוּךְ אַתָּה יְהוָה, אֱלֹהֵינוּ וֵאלֹהֵי אֲבוֹתֵינוּ, אֱלֹהֵי אַבְרָהָם, אֱלֹהֵי יִצְחָק
וֵאלֹהֵי יַעֲקֹב. הָאֵל הַגָּדוֹל, הַגִּבּוֹר וְהַנּוֹרָא, אֵל עֶלְיוֹן, גּוֹמֵל חֲסָדִים טוֹבִים,
קוֹנֵה הַכֹּל, וְזוֹכֵר חַסְדֵי אָבוֹת, *וּמֵבִיא גוֹאֵל לִבְנֵי בְנֵיהֶם לְמַעַן שְׁמוֹ*, בְּאַהֲבָה
מֶלֶךְ עוֹזֵר *וּמוֹשִׁיעַ* וּמָגֵן, בָּרוּךְ אַתָּה יְהוָה, מָגֵן אַבְרָהָם:[1]

Ce texte traduit l'aspiration d'Israël en la rédemption des *''enfants de leurs enfants à cause de son nom''*, à cause du nom du Messie qui est défini dans ce texte comme *''roi''*, *''aide''* et *''sauveur''*. La rédemption dont il s'agit en Mt 1, 21 est à considérer dans la droite ligne avec ce que fut la conception juive du temps messianique[2] et des jours du Messie[3] qui mettront fin jusqu'à l'éternité au pouvoir du péché instauré à l'aube des temps par les premiers parents[4].

Par ailleurs, la rédaction grecque de Mt 1, 21 dissimule deux autres phénomènes du sémitisme. Il s'agit premièrement d'un ''sémitisme de composition''[5] qui se

---

[1] « Béni sois-tu, Seigneur, notre Dieu et le Dieu de nos pères, le Dieu d'Abraham, le Dieu d'Isaac et le Dieu de Jacob, le Dieu grand, puissant et redoutable, le Dieu Très-Haut, qui accorde des bontés et qui est le Créateur de tout, et qui se souvient de l'amour des pères et *qui amène un rédempteur pour les enfants de leurs enfants à cause de son nom dans l'amour. Roi, aide, sauveur et bouclier*, béni sois-tu, bouclier d'Abraham. » (Notre traduction).

[2] Cf. *1Enoch* 91, 7. 14.

[3] Cf. *4Esdras* 6, 26 ; *Midr Qoh* (53a) à 12, 1 ; *y. Berakh.* 34b.

[4] Cf. *1Enoch* 10, 11. 20-22 ; 25, 4 ; 62, 2 ; 69, 27 ; 92, 5 ; *4QJub^{a}* 50, 5 ; *4QLevi* 18.

[5] Cf. J. CARMIGNAC, *La naissance des Évangiles synoptiques*, 36. Il appelle sémitisme de composition, les cas où un sémitisme a provoqué la composition du texte ; c'est-à-dire les cas où le texte n'existerait pas

trouve dans le syntagme ...שמו ישוע כי הוא יושיע. Il traduit une relation de causalité indiquée par la conjonction כי. L'emploi de כי, rendu par γάρ en grec, ne vise pas à expliquer la signification de ישוע contrairement à ce que suggèrent certaines études qui estiment que Mt voulait clarifier la sens du nom de Jésus à une audience de langue araméenne. En effet, il n'existe pas en araméen de racine ישע voulant dire ''sauver''[1]. D'ailleurs, Mt n'a pas l'habitude d'expliquer les coutumes juives. Du reste, ce syntagme est quand même répandu dans l'AT (cf. Gn 4, 25 ; Ex 2, 2 ; 1S 1, 20 ; 1Chr 7, 23). Il appartient donc au registre langagier sémitique. Deuxièmement, la construction de ce syntagme fait rimer le verbe ישע et le substantif ישוע [2]. Cette technique mnémonique disparaît dans la rédaction finale parce que le grec ne permet plus tous les jeux de mots et allusions possibles à la tradition orale hébraïque[3]. Plus qu'une tournure servant à élucider la mission ou le destin du nouveau-né, ce procédé est un parfait exemple d'assonance hébraïque assez courant qu'on retrouve dans des textes sémitiques.

1.2.3. Mt 23, 35

ὅπως ἔλθῃ ἐφ' ὑμᾶς πᾶν αἷμα δίκαιον ἐκχυννόμενον ἐπὶ τῆς γῆς ἀπὸ τοῦ αἵματος Ἅβελ τοῦ δικαίου ἕως τοῦ αἵματος Ζαχαρίου υἱοῦ Βαραχίου, ὃν ἐφονεύσατε μεταξὺ τοῦ ναοῦ καὶ τοῦ θυσιαστηρίου.

---

dans sa forme actuelle s'il n'avait pas été composé dans une langue sémitique.

[1] Cf. J. CARMIGNAC, *La naissance des Évangiles synoptiques*, 37 n. 27.

[2] Cf. J. CARMIGNAC, *La naissance des Évangiles synoptiques*, 37.

[3] Cf. F. MANNS, *Une approche juive du Nouveau Testament*, (InB), 108 ; J. CARMIGNAC, *La naissance des Évangiles synoptiques*, 38 : « l'hébreu aime les jeux de mots et il prend plaisir à recourir à des sonorités semblables, qui facilitent le travail de la mémoire ».

Soulignons d'emblée, bien qu'il soit le propre de Mt, ce passage a dans la double tradition un parallèle en Lc 11, 42-51. Ceci est un bel exemple qui confirme la présence des *minor agreements*. Dans l'imaginaire des peuples primitifs de l'Orient ancien et selon la conception de la pensée israélite consignée dans tradition biblique vétérotestamentaire, aucun sang innocent d'homme versé n'est resté impuni[1]. Celui qui verse le sang humain le payera de son propre sang en vertu de la loi de Gn 9, 5-6 ; Dt 19, 1-13[2] ; 21, 9 ; Js 20, 2-9. C'est ainsi qu'autrefois YHWH, se servant du sang vengeur, rendait justice au sang innocent. C'est cette idée vindicative du sang en Israël que Jésus reprend dans l'invective contre les Pharisiens et les gens de sa génération en Mt 23, 33-36. L'attaque contre les Pharisiens[3] ne peut être un simple montage d'un rédacteur chrétien anti-juif issu de la gentilité comme le suggère David Flusser[4]. En effet, cette construction dénote une main sémitique pétrie de grande connaissance des techniques midrashiques. On pourrait certes dire que le second rédacteur de Mt se serait référé au récit de Flavius Josèphe comme on le voit d'ailleurs en 22, 1-14 avec l'allusion faite aux ruines du Temple. Cependant, cette solution nous semble anachronique puisque Jésus parlait de Zacharie à l'aoriste : ὃν ἐφονεύσατε. À notre avis, cette

---

[1] À ce sujet, voir le débat entre H. G. REVENTLOW, « "Sein Blut komme uber sein Haupt." », *VT* 10, 311-327 et K. KOCH, « Der Spruch "Sein Blut bleibe auf seinem Haupt" und die israelitische Auffasung vom vergossenen Blut. », *VT* 12, 396-416.

[2] Cf. *Dt R*. 2 (198d).

[3] L'attaque que d'aucuns considèrent comme l'annonce de la catastrophe de la destruction du Temple puisqu'ils identifient Zacharie cité en Mt à Zacharie fils de Baruch assassiné dans le Temple peu avant sa destruction selon le témoignage de Flavius Josèphe (cf. F. JOSEPHE, *B. J.*, IV, 5, 4 ; *A. J.*, XI, 7, 1 ; voir aussi *y. Yoma* 1, 12 ; *y. Yoma* 2, 39d, 13 ; *y. Yoma* 23a).

[4] Cf. D. FLUSSER, « Two Anti-Jewish Montages in Matthew », ID. (ed.), *Judaism and the Origins of Christianity*, 552-560.

attaque fait partie de la seconde phase de la rédaction de Mt que nous avons attribué à un rédacteur judéo-hellénique. Nous en présentons les raisons à présent.

Tout d'abord, Mt opère une généralisation dans les paroles de Jésus. Il part des "scribes et Pharisiens" auxquels Jésus adresse les sept malédictions (cf. Mt 23, 13-32) et dévie vers "cette génération" (cf. Mt 23, 36). Cette élaboration est proprement juive. En effet, Mt 23, 33-34 commence avec la même idée qu'on retrouve en Mt 3, 7. Pourtant, sa suite est semblable à un autre texte du *Livre des Jubilés* :

ואשלחה אל[יהם] עדים ל[העיד בהם ולא ישמעו ואת העדים יהרוגו]
ואת מבקשי [ה]תורה ירדופ[ו ואת הכל ימירו ויחלו לעשות הרע] בעיני[1]

Ce rapprochement de textes est-il un hasard ? On pourrait aussi dire qu'en mettant côte à côte ces deux textes en 23, 33-36 Mt aurait recouru à la technique de *Pešer* au moyen de laquelle il actualise אליהם de *Jubilés* par le pronom ὑμῖν de Mt 3, 7 qui renvoie aux "pharisiens" pour expliquer le passage qu'il fait du terme "pharisiens" à "cette génération" ? Si tel est le cas, ce type d'hyperbole rend compte en quelque sorte de l'emploi dans le NT de la technique herméneutique juive de כלל ופרט וכלל [2]. Par cette opération de généralisation Mt étend, dans le temps, sur cette génération ou durant toute une génération la condamnation qui, au départ, ne concernerait particulièrement que les scribes et les pharisiens. Les Juifs qui écoutaient ces paroles de Jésus :

---

[1] *4QJub[a]* I, 7-15 [12-14] : « J'enverrai vers [eux] un témoin pour [témoigner contre eux, mais ils n'écouteront pas et tueront le témoin] Ceux qui étudient [la] loi [ils] persécuteront [ils changeront tout et commenceront à faire ce qui est mal] à mes yeux ». (Notre traduction). Cf. H. ATTRIDGE et al., *Qumran Cave 4. VIII : Parabiblical Text, Part 1*, (DJD XIII), 8.

[2] C'est-à-dire du général au particulier et du particulier au général.

ὃν ἐφονεύσατε ‘‘*que vous avez assassinés*’’ avaient bien à l'esprit le drame d'Abel et de Zacharie. Ils pourraient objecter qu'ils n'y sont pour rien si bien que les sangs de ces derniers ont déjà été expiés[1] (cf. Gn 6, 5. 13 ; 2Chr 24, 25). Dans ce cas, quel serait le sens de cette déclaration de Jésus ?

La notion de solidarité entre les générations est biblique (cf. Gn 31, 16 ; Ex 20, 5-6 ; 2R 9, 26) bien qu'elle soit discutée par les prophètes (cf. Jr 31, 29-30 ; Ez 18, 1-9) qui mettent aussi en avant la responsabilité personnelle[2]. En reprenant ce sujet apparemment résolu, Mt a bien conscience de l'impact que cela pourrait avoir sur ses lecteurs. Son objectif dans ce passage est double. En premier lieu, il souligne qu'Abel et Zacharie ont un destin commun dans l'Écriture : le meurtre d'Abel est le premier meurtre biblique en contexte cultuel tandis que celui de Zacharie est le dernier meurtre biblique qui intervient dans le même contexte[3]. Dans leur meurtre on trouve expressément l'exigence de la clameur du sang : le sang du premier a crié vengeance (cf. Gn 4, 10-15) et celui du second a appelé justice (cf. 2Chr 24, 22. 25). Catherine Sider Hamilton qui soutient que le *Livre des Veilleurs* en *1Enoch* 9, 1 a fortement influencé la conception matthéenne de la culpabilité par le sang avance que dans sa référence au sang d'Abel, Mt s'inspire des traditions juives qui racontent un acte primitif d'effusion de sang aboutissant à un jugement divin, eschatologique. Dans sa référence au sang de Zacharie, poursuit-elle, Mt fait également écho aux traditions de Zacharie qui associent le

---

[1] Cf. J. LIGHTFOOT, *Horæ hebraicæ et talmudicæ*, II, 304.

[2] Cf. E. NODET, « Le meurtre de Zacharie fils de Barachie (Mt 23, 35) », *RB*, T. 117-3, 432.

[3] Cf. E. NODET, « Le meurtre de Zacharie fils de Barachie (Mt 23, 35) », *RB*, T. 117-3, 430 citant I. KALIMI, « The Story about the Murder of the Prophet Zachariah in the Gospels and Its Relation to Chronicles », *RB* 116, 246-261.

sang innocent au jugement divin sur le temple de Jérusalem[1]. Il ne faudrait pas seulement s'arrêter aux noms d'Abel et de Zacharie. Chez Mt, ces noms pourraient indiquer une sorte d'inclusion des récits d'effusion de sangs innocents dans le corpus vétérotestamentaire. Pour Mt, en second lieu, les paroles de Jésus sont prophétiques. Elles présagent l'ultime condamnation de la culpabilité de tous les sangs innocents versés par Israël en tant que peuple dans l'ancienne alliance. C'est ce que plusieurs exégètes associent à l'annonce de la catastrophe qui s'est abattue sur Jérusalem en 70 de notre ère, car après la condamnation de cette génération, Mt place immédiatement la prophétie de la dévastation de Jérusalem[2].

Un autre artifice de composition matthéenne réside dans le déchiffrage de l'expression זכריה בן ברכיה. S'agit-il de "Zacharie fils de Bérékya", l'un des douze prophètes (cf. Za 1, 1), du prêtre "Zekaryahu fils de Yebèrèkyahu" (cf. Is 8, 2) ou du prêtre "Zacharie" le père de Jean Baptiste (cf. Lc 1, 5) ? C'est par manque d'attestation scripturaire précise sur un certain Zacharie fils de Barachie qui aurait péri dans le Temple que pour résoudre la difficulté, le copiste du Codex א* ignore carrément cette variante. C'est probablement aussi parce qu'il a été influencé par son parallèle en Lc 11, 49-51. Il est vrai que la vraie identité de Zacharie fils de Barachie ne nous a pas été révélée par le texte de Mt. Seulement, nous pensons que cette variante – qui est une *lectio difficilior potior* –

---

[1] Cf. C. S. HAMILTON, *The Death of Jesus in Matthew : Innocent Blood and the End of Exile*, (SNTSMS 167), 174-175. Voir aussi H. M. MOSCICKE, « Jesus, Barabbas, and the Crowd as Figures in Matthew's Day of Atonement Typology (Matthew 27 : 15-26) », *JBL* 139, 128-129.

[2] Cf. C. S. HAMILTON, « "His Blood be Upon Us" : Innocent Blood and the Death of Jesus in Matthew », *CBQ* 70, n° 1, 88.

vaut la peine d'être discutée, car elle est utile pour percevoir le rapprochement que Mt établirait entre Zacharie et Barachie. Puisqu'aucun autre Zacharie n'a été tué avant que Jésus ne prononçât ces paroles sinon Zacharie le fils du prêtre Joad tué sur le parvis du Temple par le roi Joas dont le récit est rapporté en 2Chr 24, 20-22. 25, de nombreuses études ont soutenu que זכריה בן ברכיה dont parle Jésus ne pouvait être que Zacharie fils du prêtre Joad. Une fois de plus, on pourrait dire que Mt applique le principe de la גזרה שווה [1] en fonction des racines qui composent les noms de Zacharie et de Barachie. Selon ce principe, puisque les racines זכר et ברך se retrouvent dans les textes de Za 1, 1 et d'Is 8, 2[2] cela permet de définir Zacharie de 2Chr 24 comme prophète et de l'assimiler au prêtre. C'est sur la base de ce principe, nous pensons, que la Tradition juive conservée dans le *Talmud* considère Zacharie évoqué en 2Chr 24 comme prophète, juge et prêtre dont le sang vengeur est mémorable[3].

Ainsi, en évoquant Zacharie, Mt renvoie ses lecteurs à l'épisode du lynchage de Zacharie en 2Chr 24 auquel il adjoint une nouvelle signification à savoir, que Zacharie n'était pas n'importe quel fils de prêtre. Il était lui-même prêtre, prophète et juge en Israël. Cette relecture de Mt qui clarifie la figure de Zacharie trouve sa place dans les propos même de Jésus qui clôt, par sa déclaration, tous les récits de sang vengeur attesté dans le *Tanach* depuis la fondation du monde, depuis le sang versé d'Abel le juste jusqu'à celui du prophète, juge et prêtre Zacharie. Autrement dit, Mt laisse entendre que Jésus met fin au

---

[1] Autrement dit, une décision identique par analogie : l'analogie des expressions dans deux textes différents fait qu'on leur applique le même traitement.

[2] En Is 8, 2, au lieu de בֶּרֶכְיָה comme en Za 1, 1, il est plutôt question de יְבֶרֶכְיָהוּ qui est une association ברך + יי (cf. HALOT, II, 384). Toutefois, la racine ברך reste la même partout en Za comme en Is.

[3] Cf. J. LIGHTFOOT, *Horæ hebraicæ et talmudicæ*, II, 302-303.

pouvoir qui venge le sang innocent. Cet arc chronologique que Mt construit à propos des récits parlant de sang innocent est vu par certains auteurs – qui estiment que le *Livre des Chroniques* se trouvait déjà à la fin du canon juif au moment de la rédaction de l'évangile de Mt[1] – comme une inclusion chronographique. S'il est admis qu'en Mt 23, 35 Jésus met un terme au sang innocent qui appelle à la vengeance, qu'en sera-t-il de son propre sang innocent qui sera versé en dehors de l'arc temporel que lui-même a délimité entre le sang d'Abel et celui de Zacharie ?

1.2.4. Mt 26, 28

τοῦτο γάρ ἐστιν τὸ αἷμά μου τῆς διαθήκης τὸ περὶ πολλῶν ἐκχυννόμενον εἰς ἄφεσιν ἁμαρτιῶν.

Ce verset étant commun à la triple tradition, chez Mt il revêt pourtant d'un caractère propre en fonction d'ajouts significatifs qui le caractérisent. Le sang versé par Jésus est celui de l'alliance. Ce verset est tout de même déterminant pour saisir le sens du sang en Mt 27, 25. Τῆς διαθήκης est un génitif adnominal appositif qui délimite en spécifiant le sens de τὸ αἷμα qui est son *nomen regens*[2].

---

[1] Cf. G. STEINS, « Mose, dazu die Propheten und David. Tora, Torauslegung und Kanonstruktur im Lichte der Chronikbücher », G. STEINS – J. TASCHNER, *Kanonisierung – die Hebräische Bibel im Werden*, (BThSt 110), 107-131 ; H. L. STRACK – P. BILLERBECK, *Kommentar zum Neuen Testament aus Talmud und Midrasch*, I, 943. Nonobstant, E. NODET, « Le meurtre de Zacharie fils de Barachie (Mt 23, 35) », *RB* 117-3, 430-334 remet en question la position et l'importance des *Livres des Chroniques* dans le canon juif. Et nous pensons qu'il a raison car les Codex plus anciens, notamment *Codex Cairensis* (895 ap. J.C), *London Codex* [Ms Or 4445] (920-950 ap. J.C.) et *Alep Codex* (925 ap. J.C) n'ont pas les *Livres des Chroniques* à la fin du *Tanach*.

[2] Cf. E. CHIORRINI, *Corso di Greco biblico*, (ASBF 93), 115.

Par la délimitation du champ sémantique de son sang dans le contexte de l'alliance, Jésus établit, en quelque sorte, le rapport entre sa Pâque et celle du livre de l'Exode. À travers cette association thématique, Mt résout le malentendu créé par le double-sens du terme sang (דמים/דם)[1] – qui implique d'une part, la condamnation (cf. Jr 26, 15) et de l'autre, l'expiation, la rédemption et l'alliance (cf. Ex 12, 7-13 ; 24, 1-8) – ouvrant ainsi la possibilité à une nouvelle compréhension du sens du vocable ''sang'' qui doit dorénavant être compris à partir de la signification du sang de Jésus. Le sang de Jésus est plus éloquent que celui d'Abel (cf. He 12, 24). Ce sang, signifiant la vie livrée de Jésus, est salut du peuple (cf. Mt 1, 21), rédemption d'une multitude et rémission de ses péchés (cf. Mt 26, 28). Telle est la nouvelle signification du sang versé dans l'alliance avec Jésus. Nous le démontrerons plus loin.

Les paroles que Jésus prononce sur la coupe dans la seconde partie de la Cène déterminent la signification que doit acquérir le ''sang'' dans la Passion en Mt. Ces paroles sont essentiellement centrées sur le sens de la mort de Jésus après que ce dernier eut établi, dans la première partie du repas, la responsabilité de celui qui le livre. Alors que la première partie de la Cène (26, 20-25), focalisée sur le thème de la trahison, met en scène Jésus interagissant avec ses disciples, la seconde partie (26, 26-29) dont la structure est marquée par un parallélisme entre le pain et le vin, donne la parole à Jésus seul qui explique le sens nouveau de la Pâque qu'il accomplie par l'effusion de son

---

[1] Cf. P. A. HARLÉ, « ''Son sang sur nous et sur nos enfants'' (Matthieu 27, 25) », *FV* 52, n° 5, 34, fait observer que l'hébreu distingue le sang versé (דם) au singulier en Gn 9, 6 du sang accusateur ou vengé (דמים) au pluriel tel que repris en Gn 4, 8 et Dt 19, 10. Pour P. JOÜON, *Grammaire de l'hébreu biblique*[2], 415 : le pluriel (דמים) designe le sang à l'etat de dispersion (tache, flaques de sang). Bref, le sang versé dans un meurtre (Gn 4, 10 ; Ez 22, 2).

propre sang : celui du salut acquis pour la rémission des péchés d'une multitude[1]. Mt fait de Jésus l'exégète par excellence du nouveau sens de la nouvelle Pâque. Walter T. Wilson souligne que de la tradition juive du *seder* de Pâque où l'on interprète les aliments consommés, Jésus ne retient que l'interprétation du pain et du vin[2]. Cette tradition précise la signification rédemptrice du pain[3], souligne le symbolisme de la liberté du vin[4] et fixe l'idée que le repas commun signifie la participation à un événement salvifique[5].

Mt suit fidèlement sa source en Mc 14, 24 quand il reprend dans sa propre rédaction τῆς διαθήκης (דם הברית). Paul qui a la plus ancienne attestation des paroles de l'Institution de l'Eucharistie en 1Co 11, 25 mentionne en revanche ἡ καινὴ διαθήκη. Chez Paul en 1Co comme chez Luc en 22, 20 la présence d'un adjectif pour qualifier l'alliance paraît déjà comme une élaboration théologique et comme une typologie de LXX Is 38, 31. C'est ainsi que l'on peut expliquer les variantes de Mt 26, 28 qui porte l'adjectif καινῆς comme une volonté manifeste des copistes d'harmoniser la continuité de la révélation avec la nouvelle alliance prophétisée en LXX Is 38, 31 ; Jr 31, 31-34 ; Ez 16, 60 ; Mal 3, 1[6].

En tout état de cause, bien que Mt, suivant sa source, ne détermine pas explicitement la qualité de cette alliance comme l'ont fait Paul et Luc, il n'en demeure pas moins que אשר ישפך בעבור הרבים לכפרת עונות qu'il insère comme *sondergut* à la triple tradition est une application typique des principes herméneutiques juives aux motifs de דם

[1] Cf. W. T. WILSON, *The Gospel of Matthew*, II, (ECC), 346-347.
[2] Cf. W. T. WILSON, *The Gospel of Matthew*, II, (ECC), 347.
[3] Cf. *m. Pessaḥ.* 10, 5.
[4] Cf. *y. Pessaḥ.* 108a.
[5] Cf. *m. Pessaḥ.* 10, 5.
[6] Voir aussi *4QD[a]* VI, 19.

(sang) et de ברית (l'alliance). C'est la technique du דבר הלמד מענינו [1]. Que le sang soit assimilé au vin, cela a déjà était attesté en Gn 49, 11 où, dans le contexte de la bénédiction de Jacob sur Juda, le vin est comparé au דַם־עֲנָבִים ''sang des raisins''. Cette logique de transfert de sens est reprise aussi dans le *Talmud* selon laquelle le חֲרוֹסֶת, fait avec du vin, est pris pour זֵיכֶר לְדָם ''le souvenir du sang''[2]. Le sang maintient donc une relation sémantique avec le vin. La première mention du vin dans le repas de Pâque[3] se trouve dans *4QJub*^{a} 49, 6[4] bien que le vin soit inclus dans les célébrations de Pâque bien avant l'époque de *Jubilés*[5].

Par ailleurs, nous savons à travers les synoptiques que le repas que Jésus a partagé avec ses disciples est un repas pascal[6] dont tout l'intérêt était un rappel de la délivrance d'Égypte, à la fois en elle-même et dans son rôle de salut

---

[1] En d'autres termes, chose qu'on apprend du contexte ou le texte se comprend mieux à partir de son contexte. Ce principe rappelle l'importance du contexte littéraire du texte : les termes d'un texte sont situés dans leur contexte général.

[2] Cf. *y. Pessaḥ.* 10, 3.

[3] Cf. *m. Pessaḥ.* 10, 2.

[4] Un texte datant du IIe s. av. notre ère.

[5] Cf. R. ROUTLEDGE, « Passover and Last Supper », *TynB* 53, 210 n. 30.

[6] Certains érudits, surtout J. P. MEIER, *Un certain juif Jésus. Les données de l'histoire*, I, 239-253 et RATZINGER, suggèrent cependant que ce repas aurait eu lieu un jour plus tôt. Néanmoins, à voir de plus près le témoignage synoptique : les éléments du repas, sa structure, la conscience des participants dans l'accomplissement de son rituel, les paroles et gestes qui y sont déployés, nous sommes enclins à considérer qu'il s'agit bien d'un repas de Pâque, ou au moins d'un repas compris dans ce contexte. Ce sujet est très débattu, car le *seder* dans sa forme actuelle ne date que du IIIè-IVè s. de notre ère. Sur ce débat, voir R. ROUTLEDGE, « Passover and Last Supper », *TynB* 53, 203-206.

paradigmatique pour l'avenir[1]. Dans ce cas, le *Kiddouš* – la bénédiction traditionnelle qui commençait le repas – attribuait au vin un caractère salvifique important en le bénissant en premier[2]. Les quatre coupes de vin consommées pendant le repas pascal correspondaient traditionnellement, selon le *Talmud*, aux quatre promesses contenues dans Ex 6, 6-7[3] : les promesses de libération, de rédemption, de rachat et d'alliance. Ainsi, par exemple, la deuxième coupe était baptisée la coupe de la liberté, de la mémoire ou de la délivrance. La troisième, quant à elle, correspondait à la troisième promesse, et était connue sous le nom de la coupe de la rédemption. Il est largement admis par des exégètes que c'est de cette coupe dont il question dans la Cène. De ce fait, le sang que Jésus offre par cette coupe est le sang de la rédemption. Le partage du repas pascal faisait des participants les membres de la communauté de l'alliance ; quiconque n'a pas participé sans bonne cause devait être retranché du peuple (cf. Nb 9, 13)[4].

Nous apercevons finalement les associations que Mt construit dans sa composition de la liturgie pascale qu'accomplit Jésus pour en venir au nouveau sens du sang.

---

[1] Cf. L. A. HOFFMAN, « A Symbol of Salvation in the Passover Seder », P. F. BRADSHAW – L. A. HOFFMAN (eds.), *Passover and Easter. The Symbolic Structuring of Sacred Seasons*, VI, 122.

[2] Cf. *m. Pessaḥ.* 10, 2 : nous retenons ici la position de l'école d'Hillel. Pour la signification rédemptrice, ce qui est dit du vin, l'est aussi pour le pain, le *matzah* qui acquiert, surtout après la cessation des sacrifices au Temple, un caractère salvifique en substitution de l'agneau. Voir A. B. BLOCH, *The Biblical and Historical Background of the Jewish Holy Days*, 112 ; L. A. HOFFMAN, « A Symbol of Salvation in the Passover Seder », P. F. BRADSHAW – L. A. HOFFMAN (eds.), *Passover and Easter. The Symbolic Structuring of Sacred Seasons*, VI, 109-131.

[3] Cf. R. ROUTLEDGE, « Passover and Last Supper », *TynB* 53, 210.

[4] Cf. R. ROUTLEDGE, « Passover and Last Supper », *TynB* 53, 219 n. 59.

Roger Le Déaut dans sa thèse sur les thèmes de quatre nuits dans le *Tg. Ex* 12, 24 notait déjà la connexion que la tradition juive fait entre l'Exode et l'Alliance. C'est-à-dire que la délivrance d'Israël de l'Égypte rendue possible par le signe du sang de l'agneau (Ex 12, 7) est intrinsèquement connectée et orientée vers l'alliance conclue avec le sang de l'agneau (Ex 24, 8). Autrement dit, les tribus sauvées ensemble de l'Égypte – terre d'esclavage (Ex 20, 2 ; Dt 5, 6 ; 7, 8), de péché, de servitude spirituelle (Ez 16, 26 ; 20, 8 ; 23, 8) et d'idolâtrie (Js 24, 14) – après avoir connu les mêmes périls, se sont senties solidaires entre elles et liées pour toujours à Dieu qui les sauvait. Cette expérience elle-même pouvait se décrire comme une ברית (alliance) puisqu'elle contribua beaucoup plus qu'un acte cultuel ou juridique à les fusionner entre elles et à les rattacher à YHWH[1]. La paternité de YHWH dans l'alliance (Ex 6, 7 ; 20, 2) consiste d'abord en ce qu'il se révèle comme le rédempteur d'Israël[2]. L'Exode est en fait une libération salvifique couronnée par l'alliance advenue grâce à l'intervention personnelle de YHWH[3]. C'est en ce sens qu'il devient, par conséquent, la date de la création et de l'élection du peuple de Dieu.

Israël, de tout temps, a toujours commémoré l'Exode, cette libération acquise par l'intervention personnelle et salvifique de YHWH dans son histoire. Mais en même temps, il n'a cessé d'espérer revivre, au milieu des crises successives de son histoire, cette présence voilée de YHWH au désert en une présence incarnée[4]. C'est ce réalisme typologique de l'Exode que Mt, nous semble déployer à travers le récit de la Pâque (le *Pessaḥ*) de Jésus. La

---

[1] Cf. R. LE DEAUT, *La nuit pascale*, (AnBib 22), 83.
[2] Cf. R. LE DEAUT, *La nuit pascale*, (AnBib 22), 86.
[3] Cf. R. LE DEAUT, *La nuit pascale*, (AnBib 22), 78.
[4] Cf. R. LE DEAUT, *La nuit pascale*, (AnBib 22), 308.

commémoration de l'Exode s'est au fil de temps cristallisée, selon beaucoup d'auteurs, en une fête de renouvellement de l'alliance[1] (cf. Dt 27, 9 ; 11, 29-32 ; Js 24 ; Ps 49 ; 80) de sorte que ce souvenir commémoratif soit entretenu par le rituel des grandes fêtes telles que les Tabernacles, la Pentecôte, l'Expiation et la célébration pascale elle-même[2]. Quant à la Pâque célébrée chaque année – si bien que le mois au cours duquel elle est célébrée désigne le premier mois de l'année – elle est associée à l'idée d'un nouveau départ (cf. Ex 12, 2), des nouveaux commencements importants dans la vie d'Israël (cf. Js 5, 10-12 ; 2Chr 35, 1-19 ; Esd 6, 19-21)[3]. Et comme les infidélités furent continuelles, le sang de la rédemption et l'alliance que commémore cette fête rappelaient aussi la purification des péchés[4]. D'ailleurs, pour souligner le lien qui existe entre le sang de l'alliance et l'expiation des péchés, le *Tg. Onq.* ne traduit pas : « Moïse a répandu le sang sur le peuple… », mais « Moïse a pris le sang et l'a répandu sur l'autel pour faire l'expiation pour le peuple… ».

---

[1] Cf. G. VON RAD, *Theologie des Alten Testaments*, I, 194-219 ; H. J. KRAUSS, *Gottesdienst in Israel*, 24-26. Toutefois, M. NOTH, *Histoire d'Israël*, 138, 143, 148 pense que l'existence de cette fête demeure une hypothèse.

[2] Cf. R. LE DEAUT, *La nuit pascale*, (AnBib 22), 124-128.

[3] Cf. R. ROUTLEDGE, « Passover and Last Supper », *TynB* 53, 209 n. 26.

[4] Même si selon R. LE DEAUT, *La nuit pascale*, (AnBib 22), 126, n. 163, 209-212, dans la tradition juive l'expression ''sang de l'alliance'' finira par être réservée au sang de la circoncision ; ce qui montre aussi qu'on avait oublié les sens du rite solennel du Sinaï. Voir aussi H. L. STRACK – P. BILLERBECK, *Kommentar zum Neuen Testament aus Talmud und Midrasch*, I, 991-992.

Tᴍ Ex 24, 8

וַיִּקַּח מֹשֶׁה אֶת־הַדָּם וַיִּזְרֹק עַל־הָעָם וַיֹּאמֶר הִנֵּה דַם־הַבְּרִית אֲשֶׁר כָּרַת
יְהוָה עִמָּכֶם עַל כָּל־הַדְּבָרִים הָאֵלֶּה׃

Tg. Onq. Ex 24, 8

וּנְסֵיב מֹשֶׁה יָת דְּמָא וּזְרַק עַל *מַדְבְּחָא לְכַפָּרָא עַל* עַמָּא וַאֲמַר הָא דֵין
דַּם קְיָמָא דִּגְזַר יְיָ עִמְּכוֹן עַל כָּל פִּתְגָמַיָּא הָאִלֵּין׃

Le sacrifice décrit dans Ex 24, 8 se voit attribuer, dans la tradition juive, une signification expiatoire[1]. À notre avis, c'est ce que Mt comprend quand il associe le motif du sang de l'alliance au pardon des péchés d'une multitude.

La démarcation entre Mc 14, 24 : ἐκχυννόμενον ὑπὲρ πολλῶν ‘‘versé en faveur de la multitude'', Lc 22, 20 : τὸ ὑπὲρ ὑμῶν ἐκχυννόμενον ‘‘versé en votre faveur'' et Mt 26, 28 se situe dans l'ajout chez Mt de : τὸ περὶ πολλῶν ἐκχυννόμενον εἰς ἄφεσιν ἁμαρτιῶν ‘‘versé en faveur de la multitude *pour la rémission des péchés*''. Cette insertion rédactionnelle assure une cohérence interne à l'évangile de Mt en établissant un lien étroit entre Mt 26, 28 et Mt 1, 21. L'hyperbate créé dans la construction grecque τὸ αἷμά μου τῆς διαθήκης τὸ *περὶ πολλῶν* ἐκχυννόμενον met l'emphase sur le syntagme *περὶ πολλῶν* ‘‘en faveur de la multitude''. Aussi, le thème de la rémission des péchés (εἰς ἄφεσιν ἁμαρτιῶν[2]) qui s'ajoute comme complément de but du verbe ἐκχέω/ἐκχύν(ν)ω – verbe employé souvent pour faire référence au sacrifice (cf. Ex 29, 12 ; Lv 4, 7 ; 18, 25, 30, 34 ; Si 50, 15) ou à la mort violente (Gn 9, 6 ; Nb 35, 33 ; Dt 19, 10 ; Jr 7, 6 ; Jl 4, 19) – renvoient au quatrième chant du

[1] Cf. D. C. Allison, *New Moses. A Matthean Typology*, 258-259 ; B. Pitre, *Jesus and the Last Supper*, 93-100, 108-114 ; Philon, *QE* II, 33.

[2] Cf. Philon, *Mos.* II, 147 ; *Spec.* I, 190. Voir J. Coppens, « La conception paulinienne de la Nouvelle Alliance », *Novum Testamentum* 29, 174-193.

Serviteur[1] (Is 52, 15[2] ; 53, 11-12). La souffrance des justes peut expier les péchés d'autres, les sauvant ainsi de la colère divine (cf. 2Mac 7, 37-38 ; 4Mac 1, 11 ; 6, 28-29 ; 17, 21-22)[3].

1.3. Conclusion

Nous avons présenté, au fil de ce chapitre consacré à l'introduction à l'évangile de Mt, le cadre dans lequel nous menons notre recherche sur le sens de Mt 27, 25. Cette esquisse d'une approche du NT basée sur le recours aux sources péritestamentaires et aux traditions interprétatives juives de l'Écriture est, nous estimons, une élaboration d'hypothèses pour la compréhension du motif de sang innocent versé dans le projet rédactionnel du premier évangile. Nous avons tout d'abord situé, sur la base de la critique externe et interne de sa rédaction, l'origine et la nature de l'évangile de Mt qui s'est révélé pour nous un texte éminemment juif et foncièrement sémitique. Par conséquent, sa compréhension nécessite la connaissance de la littérature juive de la période du Second Temple. Dans l'éventail des exemples que cette conclusion peut suggérer, nous avons choisi délibérément trois textes : Mt 1, 21 ; 23, 35 ; 26, 28 qui éclairent le sens de Mt 27, 25, le texte objet de notre étude. Cependant, il reste à savoir si le genre littéraire du texte de la Passion en Mt est un *midrash* chrétien, une liturgie pascale ou un *midrash* pascal juif christianisé.

---

[1] Cette figure demeure complexe. Elle réunit les traits de divers personnages : Adam, Abraham, Jérémie (?) et recapitule tous les sauveurs de l'histoire sainte notamment Moïse et pourquoi pas le Messie. Cf. R. LE DEAUT, *La nuit pascale*, (AnBib 22), 122.

[2] Le verbe נזה du TM se traduit littéralement par ''asperger'', ''saupoudrer'', ''arroser'', ''rependre'' : « Et des nations nombreuses seront asperger ». Cf. HALOT, II, 683.

[3] Cf. W. T. WILSON, *The Gospel of Matthew*, II, 349.

Chapitre II

ANALYSE LITTÉRAIRE DE MT 27, 25

Le présent chapitre s'attèle à analyser la place et le sens de Mt 27, 25 dans l'ensemble de la composition du premier évangile ainsi que sa fonction littéraire dans ce qui constitue son cadre immédiat, c'est-à-dire la Passion. Cette entreprise nous mènera à considérer le plan structurel et formel de la Passion selon Mt : délimiter le récit de la Passion selon Mt, le comparer avec ceux de Mc et Lc dans la triple tradition afin d'en élucider quelques particularités du point de vue de son auteur. Nous nous appesantirons aussi sur le lien thématique qui existe entre les concepts « sang innocent » *(αἷμα ἀθῷος)*, « juste » *(δίκαιος)* et « péché » *(ἁμαρτία)*, trois motifs propres du matériel matthéen qui traversent la trame narrative de la Passion. Cette étude se veut synchronique. Mais elle ne mettra pas de côté des questions liées à l'évaluation des variantes textuelles qui prendront en compte les différentes lectures qui, au cours des siècles, ont cherché à justifier la logique interne du récit de la Passion et de toute la composition de Mt.

2.1. Délimitation du texte de la Passion en Mt

La subdivision de l'évangile de Mt en cinq livres faite par Benjamin W. Bacon[1] suscite encore quelques problèmes sur le plan de la canonicité et de la cohérence interne dans la composition de Mt[2]. En effet, Bacon

[1] Cf. B. W. Bacon, *Studies in Matthew*, 165-249. Cette subdivision est devenue classique et courante dans plusieurs études sur l'évangile de Mt.

[2] Sur la critique de l'hypothèse de Bacon, voir H. B. Green, « The Structure of St. Matthew's Gospel », *SE* IV, 44-48.

considérait Mt comme une harmonisation tardive du noyau originel marcien qui subsiste en Mt 3 – 25 auquel s'est greffé un prologue (Mt 1 – 2) combinant des mythes païens, juifs et babyloniens de la nativité d'un héros[1], et un épilogue (Mt 26 – 28) constituant une conclusion par nécessité à ce prologue et forcement à l'évangile inachevé de Mc[2]. Pour Bacon, amputer l'évangile canonique de Mt de ces deux clôtures revient à retrouver Mc à l'exception de quelques *peculiar* matthéens notablement inférieurs que Bacon qualifie de suppléments apocryphes[3]. Cependant, durant plusieurs années, les observations de Bacon n'arrivent pas à expliquer la cohérence interne qui traverse de part et d'autre l'ensemble de l'évangile de Mt prouvant ainsi l'intentionnalité du projet de son rédacteur et la canonicité de l'évangile par sa réception dans la communauté matthéenne. Considérant la Passion, la Mort et la Résurrection – que Bacon relègue au rang d'épilogue – comme le fil conducteur par lequel la prédication des apôtres et les évangiles s'organisent[4], il apparaît indéniable que les événements narrés à la fin des évangiles en soient évidemment leur point de départ[5].

Cette considération nous conduit à la restructuration du plan de Bacon, en intégrant dans l'ensemble du même corps de l'évangile de Mt ce qu'il désigne comme prologue et épilogue. Ceci dit, le marqueur linguistique Καὶ ἐγένετο ὅτε ἐτέλεσεν ὁ Ἰησοῦς[6] dont s'est servi Bacon

---

[1] Cf. B. W. BACON, *Studies in Matthew*, 151-157.

[2] Cf. B. W. BACON, *Studies in Matthew*, 250.

[3] Cf. B. W. BACON, *Studies in Matthew*, 257-259.

[4] Alors que chaque évangile organise son matériel du ministère public de Jésus selon son arrangement propre, les derniers jours de Jésus sont décrits par les synoptiques, voir par Jean, quasiment de la même façon. Cf. R. E. BROWN, *Que sait-on du Nouveau Testament*, 399.

[5] Cf. R. MEYNET, *La Pasqua del Signore*, 7.

[6] Cette formule qui varie légèrement suivant l'objet des verbes en Mt 7, 28 ; 11, 1 ; 13, 53 ; 19, 1 ; 26, 1 est considérée par SENIOR comme

pour subdiviser Mt en cinq livres, créant ainsi un nouveau Pentateuque, ne devrait pas nécessairement être utilisé pour créer une structure de l'évangile de Mt. Mais peut très bien servir à voir le début d'une nouvelle section[1]. Parce qu'à travers cette formule, l'évangéliste ne sépare pas les grands "blocs" les uns des autres mais les relie avec des pièces de liaison appropriées[2]. Cela étant, nous servant du contenu du texte de Mt ainsi que ses indices stylistiques et littéraires comme critères de subdivision, nous proposons une structure du premier évangile en quatre parties. Ceci nous ouvre à l'hypothèse selon laquelle Mt est un évangile à *"quatre commencements"* : γένεσις, ἄρχω, ἄρχω, γίνομαι[3].

1, 1 – 4, 16	*Commencement* de la vie terrestre du Messie	(1, 1) Βίβλος *γενέσεως* Ἰησοῦ Χριστοῦ
4, 17 – 16, 20	*Commencement* de l'activité missionnaire du Messie	(4, 17) Ἀπὸ τότε *ἤρξατο* ὁ Ἰησοῦς
16, 21 – 26, 1	*Commencement* de la montée du Messie à Jérusalem	(16, 21) Ἀπὸ τότε *ἤρξατο* ὁ Ἰησοῦς
26, 2 – 28, 20	*Commencement* du récit de la Passion, Mort et Résurrection du Messie	(26, 2) οἴδατε ὅτι μετὰ δύο ἡμέρας τὸ πάσχα *γίνεται*, καὶ ὁ υἱὸς τοῦ ἀνθρώπου παραδίδοται εἰς τὸ σταυρωθῆναι

un substrat sémitique. Cf. D. SENIOR, *The Passion Narrative According to Matthew. A Redactional Study*, (BEThL 39), 10 n. 1. Voir la séquence sémitique : καὶ γίνομαι + ὅτε ἐτέλεσεν + εἶπεν. Ceci correspondrait à un sémitisme de pensée selon J. CARMIGNAC, *La naissance des Évangiles synoptiques*, 31.

[1] Cf. G. MICHELINI, *Il sangue dell'alleanza e la salvezza dei peccatori. Una nuova lettura di Mt 26 – 27*, (AnGr 306), 34.

[2] Cf. U. LUZ, *Das Evangelium nach Matthäus 26 – 28*, IV, 4.

[3] Le thème verbal du verbe γίνομαι partage la même racine (γεν) que le substantif γένεσις traduisant l'idée du *commencement*, d'*être* et de *devenir*. Cf. R. PIERRI, *Lessico del Nuovo Testamento per radici*, (ASBF 84), 102.

Au regard du tableau précédent, il paraît clairement que le texte de Mt 27, 25 fait partie de la dernière section qui développe le thème de la Passion, la Mort et la Résurrection de Jésus. Pourtant, il existe diverses positions d'exégètes sur la délimitation du début de la Passion. Il y a ceux qui la font commencer en 26, 30[1]. D'autres, en revanche, conditionnés surement par le syntagme Ἀπὸ τότε qu'on retrouve aussi en Mt 4, 17 ; 16, 21, pensent qu'elle débuterait en 16, 21[2] ou en 26, 16[3]. Cependant, l'*opinio communis* situe son début à 26, 1[4], probablement en s'inspirant du marqueur de Bacon. Notre choix pour un début du récit de la Passion à 26, 2 se justifie notamment par γίνομαι qui est l'indice littéraire de ce que nous appelons le *''quatrième commencement''* de l'évangile dont le contenu des événements y racontés se résume par le mot-clé : πάσχα (Pâque)[5]. Mais aussi par d'autres mots

---

[1] Cf. S. LEGASSE, *Le procès de Jésus. Histoire*, (LD 156), 35 ; R. E. BROWN, *La mort du Messie. Encyclopédie de la Passion du Christ*, 67. Aussi faut-il noter que Brown semble se contredire quand il considère en même temps Mt 26, 1 comme le début de la Passion. Voir R. E. BROWN, *La mort du Messie. Encyclopédie de la Passion du Christ*, 69.

[2] Cf. D. A. HAGNER, *Matthew 1 – 13*, I, (ICC 33A-33B), li ; J. D. KINGSBURY, *Matthew. Structure, Christology, Kingdom*, 1-25 ; ID., *Matteo. Un racconto*, (BiBi [B] 23), 53 ; M. GRILLI, *Scriba dell'Antico e del Nuovo. Il Vangelo di Matteo*, 12.

[3] Cf. F. NEIRYNCK, « ΑΠΟ ΤΟΤΕ ΗΡΞΑΤΟ and the Structure of Matthew », *EThL* 64, 33-35.

[4] Cf. D. SENIOR, *The Passion Narrative According to Matthew. A Redactional Study*, (BEThL 39), 11 ; G. MICHELINI, *Il sangue dell'alleanza e la salvezza dei peccatori. Una nuova lettura di Mt 26 – 27*, (AnGr 306), 35-36.

[5] Nous avons présenté le récit des événements pascals comme le noyau primitif de l'évangélisation apostolique. Un autre argument qui soutient notre délimitation *a quo* de la Passion se trouve dans le mot πάσχα qui ouvre le récit de la Passion dans la triple tradition : Mt 26, 2 // Mc 14, 1 // Lc 22, 1, marquant qu'il s'agit d'un bloc entier d'événements. Notons qu'en Mt on ne trouve pas le mot πάσχα

qui traduisent le drame que connaîtra Jésus pendant le temps pascal : παραδίδωμι (transmettre, remettre, donner, livrer) [1], σταυρόω (crucifier)[2] et l'un des termes clé de la Passion qui est αἷμα ἀθῷον (sang innocent).

De même que le *terminus a quo* de la Passion est loin de faire l'unanimité chez les exégètes, son *terminus ad quem* les divise davantage. Dans son commentaire, Raymond Brown sépare la Résurrection de la Passion. Pour lui en effet, il est possible de lire paradoxalement le récit de la mort de Jésus même sans tenir compte de sa résurrection : l'intrigue fonctionne tout de même et reste parfaitement ''ouverte'' à un *exitus* qui, dans le cas présent, sera celui de l'imprévisible résurrection puisque sur le plan exégétique et ensuite théologique, on ne peut pas parler de la mort du Messie sans évoquer sa résurrection[3]. Donal Senior, quant à lui, exclut même la mise au tombeau et conclut le récit de la Passion par la fin de la crucifixion en 27, 55[4]. Dans le même ordre d'idée, Giulio Michelini, se servant de *division markers* comme critère, propose que le récit de la Passion pourrait se terminer avec la conclusion du chapitre 27, car la formule Ὀψὲ δὲ σαββάτων en 28, 1 – qui n'apparaît qu'ici – ouvre un scénario complètement nouveau : celui de la résurrection[5]. Nous savons par Ulrich Luz que l'évangile

---

ailleurs que dans cette partie où il revient 4 fois (26, 2 ; 26, 17. 18. 19).

[1] Cf. BDAG, 761.

[2] Cf. BDAG, 941.

[3] Cf. R. E. BROWN, *La mort du Messie. Encyclopédie de la Passion du Christ*, 69-70 cité par G. MICHELINI, *Il sangue dell'alleanza e la salvezza dei peccatori. Una nuova lettura di Mt 26 – 27*, (AnGr 306), 36.

[4] Cf. D. SENIOR, « Matthew's Special Material in the Passion Story. Implications for the Evangelist's Redactional Technique and Theological Perspective », *EThL* 63, 273 n. 4.

[5] Cf. G. MICHELINI, *Il sangue dell'alleanza e la salvezza dei peccatori. Una nuova lettura di Mt 26 – 27*, (AnGr 306), 38.

de Mt est un livre unifié[1]. Cela étant, la Passion ne pourrait être divisée selon des critères formels clairs. En conséquence, il n'est même pas possible de trouver une division claire entre le récit de la Passion et celui de la Résurrection parce qu'ils constituent une unique et cohérente séquence[2]. Aux yeux de Ulrich Luz, la Passion et la Résurrection (26 – 28) forment un tout[3]. Cette position est également soutenue par d'autres études qui estiment que la Passion inclut nécessairement la Résurrection[4]. Pour nous, en fait, les trois chapitres 26, 27 et 28 de Mt constituent une unité thématique cohérente centrée sur le thème de la Passion, la Mort et la Résurrection de Jésus. Dans cette unité les verbes παραδίδωμι (15 occurrences) et σταυρόω (7 occurrences) sont appariés 7 fois ensemble en vue de faire progresser la tension du récit vers la Résurrection qui est l'accomplissement de l'annonce que Jésus fait en Mt 16, 21 (le début de la troisième partie du premier évangile). Le verbe ἐγείρω (se lever, se réveiller) qui marque le *climax* de cette annonce répond bien à cette tension. Il compte aussi 7 occurrences dans les chapitres 26 – 28. La première signalée en 26, 32, forme une inclusion avec celle mentionnée en 28, 7.

---

[1] Cf. U. LUZ, *La storia di Gesù in Matteo*, 13.

[2] Cf. U. LUZ, *Das Evangelium nach Matthäus 26 – 28*, IV, 4-5 ; A. MELLO, *Évangile selon Saint Matthieu. Commentaire midrashique et narratif*, (LD 179), 35.

[3] Cf. U. LUZ, *Das Evangelium nach Matthäus 26 – 28*, IV, 4-5. Voir aussi A. MELLO, *Évangile selon Saint Matthieu. Commentaire midrashique et narratif*, (LD 179), 445.

[4] Cf. J. G. LODGE, « Matthew's Passion-Resurrection Narrative », *ChiSt* 25, 3-20 ; J. P. HEIL, *The Death and Resurrection of Jesus. A Narrative-Critical Reading of Matthew 26 – 28*, 19-20 ; R. MEYNET, *La Pasqua del Signore*, 8.

2.1.1. Structure et cohérence interne de la Passion selon Mt

Prenant un peu du recul à l'idée de Ulrich Luz selon laquelle il est inutile de chercher dans la Passion selon Mt une structure cohérente de la Passion à la Résurrection, nous présentons ici trois modèles de structures qui nous semblent raisonnables parce qu'elles suggèrent une logique interne à la composition de l'ensemble du plan narratif de Mt. Elles sont proposées par Paul Gaechter (1962-1965)[1], Alberto Mello (1999)[2] et Roland Meynet (2002)[3].

Paul Gaechter décèle dans le récit de la Passion en Mt 26, 1 – 28, 20 une structure en chiasme comme trait stylistique d'une construction formée de six parties. Il note tout de même que l'utilisation de la forme chiastique n'est pas une exclusivité matthéenne étant donné que le récit primitif de la Passion qui a inspiré Mt était déjà ainsi structuré. Du reste, la réorganisation du matériel au sein de différentes parties de la Passion, Mt les dispose également de manière à obtenir des petites unités en chiasme. Seulement, nous constatons que la structure proposée par Gaechter s'est basée sur un critère dû au contenu des parties plutôt sur des indices linguistiques clairs.

---

[1] Cf. P. GAECHTER, *Das Matthäus-Evangelium*, 16-17 ; ID., *Die literarische Kunst im Matthäus-Evangelium*, (SBS 7), 33-67.

[2] Cf. A. MELLO, *Évangile selon Saint Matthieu. Commentaire midrashique et narratif*, (LD 179), 445-495.

[3] Cf. R. MEYNET, *La Pasqua del Signore*, 21-75, 179-206, 279-303, 363-389.

Ière partie : 26, 1-35 **a.** μετὰ δύο ἡμέρας τὸ πάσχα (v. 2) *Récit proleptique de la Passion*	IIe partie : 26, 36-46 **b.** εἰς χωρίον λεγόμενον Γεθσημανὶ (v. 36) *Mont des oliviers et la peur de la mort*	IIIe partie : 26, 47 – 27, 10 **c.** τῶν ἀρχιερέων καὶ πρεσβυτέρων (v. 47) *Condamnation de Jésus par le Sanhédrin*
IVe partie : 27, 11-31 **c'.** τῶν ἀρχιερέων καὶ πρεσβυτέρων (v. 12) *Condamnation de Jésus par le gouverneur romain*	Ve partie : 27, 31-61 **b'.** εἰς τόπον λεγόμενον Γολγοθᾶ (v. 33) *Golgotha et la mort*	VIe partie : 27, 62 – 28, 20 **a'.** Τῇ δὲ ἐπαύριον, … μετὰ τὴν παρασκευήν (v. 62) *Récit de la Résurrection*

Gaechter souligne, dans la première partie du récit de la Passion (26, 1-35), des retouches significatives que Mt aurait apportées à sa source. Il est de coutume chez Mt qu'avant l'action proprement dite, il la fait précéder d'un événement proleptique qui lui sert d'introduction. Pour Gaechter, la première partie de la Passion est bipartite (26, 1-19 et 26, 20-35). Elle est un récit introductif à la Passion que Mt aurait construit en recourant à une structure en chiasme dont le centre de chacune de ses deux parties est occupé par un repas.

Mt 26, 1-19 :

a. τὸ πάσχα (vv. 1-2) *L'annonce de la Pâque*		**b.** τότε (vv. 3-5) *Le conseil de la condamnation de Jésus*
	c. ἀνακειμένου (vv. 6-13) *Le repas à Béthanie chez Simon le lépreux*	
b'. τότε (vv. 14-16) *Judas rejoint le conseil de la condamnation de Jésus*		**a'.** τὸ πάσχα (vv. 17-19) *La préparation de la Pâque*

Mt 26, 20-35 :

a. ἀμὴν λέγω ὑμῖν (v. 21) *L'annonce de la trahison*		**b.** γέγραπται (v. 24) *La mort de Jésus prophétisée dans l'Écriture*
	c. Εσθιόντων (vv. 26-30) *La Cène*	
b'. γέγραπται (v. 31) *La mort de Jésus prophétisée dans l'Écriture*		**a'.** ἀμὴν λέγω σοι (v. 34) *L'annonce du reniement*

Il en est de même pour les deux parties centrales de la Passion – la condamnation de Jésus par le Sanhédrin (c) 26, 47 – 27, 10 et sa condamnation par le gouverneur romain (c') 27, 11-31a – dont la composition matthéenne dispose les contenus de façon structurellement chiastique.

c. 26, 47 – 27, 10 :

a. Ἰούδας (26, 47) *La trahison de Judas*	**b.** τὸν ἀρχιερέα…οἱ γραμματεῖς καὶ οἱ πρεσβύτεροι (26, 57) *Jésus arrive chez Caïphe*	**c.** Ἰησοῦ (26, 59) *Jésus devant Caïphe*
c'. Ἰησοῦ (26, 69) *Pierre dans la résidence de Caïphe*	**b'.** οἱ ἀρχιερεῖς καὶ οἱ πρεσβύτεροι (27, 1) *Jésus quitte la résidence de Caïphe*	**a'.** Ἰούδας (27, 3) *La mort de Judas*

c'. 27, 11-31a :

a. οὗ ἡγεμόνος (v. 11) *Le gouverneur romain interroge Jésus s'il est Roi des Juifs*	**b.** Βαραββᾶν (v. 17) *Jésus et Barabbas*	**c.** παρέδωκαν αὐτόν (v. 18) *Pilate atteste l'innocence de Jésus*	**d.** δικαίῳ ἐκείνῳ (v. 19) *L'intervention de la femme de Pilate*
	e. Οἱ ἀρχιερεῖς…οἱ πρεσβύτεροι…τοὺς ὄχλους…τὸν Βαραββᾶν… Ἰησοῦν (vv. 20-23) *Comparution chez le gouverneur romain*		
d'. ἀθῷός εἰμι (v. 24) *Pilate se lave les mains*	**c'.** τὸ αἷμα αὐτοῦ (v. 25) *La foule assume le sang de Jésus*	**b'.** Βαραββᾶν (v. 26) *Jésus et Barabbas*	**a'.** τοῦ ἡγεμόνος (v. 27) *Les soldats romains intronisent Jésus comme Roi des Juifs*

Alberto Mello, dans sa proposition d'une structure à la Passion de Mt, insiste sur les triades que forment les sous-ensembles de sept parties que composent la Passion et la Résurrection (26 – 28). La particularité de l'étude de Mello consiste dans le fait qu'il relève huit courtes interpolations matthéennes au récit marcien de la Passion :

(1) la parole du disciple qui a frappé avec son épée en 26, 52-54 ;
(2) la mort de Judas en 27, 3-10 ;
(3) le rêve de la femme de Pilate en 27, 19 ;
(4) Pilate qui se lave les mains en 27, 24-25 ;
(5) l'ouverture des sépulcres en 27, 51-53 ;
(6) les gardiens du tombeau en 27, 62-66 ;
(7) les gardiens soudoyés en 28, 11-15 ;
(8) l'apparition en Galilée en 28, 16-20.

De plus, le mérite du travail de Mello est aussi de noter que « malgré sa grande fidélité à un texte déjà hautement ''canonique'', Matthieu a réussi malgré tout à donner à son récit quelques caractéristiques théologiques qui lui sont propres »[1] notamment :

(a) la Passion de Jésus est l'accomplissement de toutes les Écritures ;
(b) Jésus domine toute la scène ;
(c) la responsabilité des Juifs dans la mort de Jésus – qui est la partie centrale de la structure – ;
(d) la Passion et la résurrection sont des événements apocalyptiques.

---

[1] A. Mello, *Évangile selon Saint Matthieu. Commentaire midrashique et narratif*, (LD 179), 444.

1. Préparatifs de mort (26, 1-16)
a. Le complot (vv. 1-5)
b. L'onction à Béthanie (vv. 6-13)
c. La trahison de Judas (vv. 14-16)
2. Le repas pascal (26, 17-29)
a. La préparation du *Seder* (vv. 17-19)
b. Le dévoilement du traître (vv. 20-25)
c. L'institution eucharistique (vv. 26-29)
3. À Gethsémani (26, 30-56)
a. La prédiction du scandale des disciples (vv. 30-35)
b. La prière (vv. 36-46)
c. L'arrestation (vv. 47-56)
4. Le procès juif (26, 57 – 27, 10)
a. Jésus devant Caïphe (26, 57-68)
b. Le reniement de Pierre (vv. 69-75)
c. Le prix du sang (27, 1-10)
5. Le procès romain (27, 11-31)
a. L'interrogatoire (vv. 11-14)
b. Jésus et Barabbas (vv. 15-26)
c. La dérision des soldats (vv. 27-31)
6. Le Calvaire (27, 32-61)
a. La crucifixion (vv. 32-44)
b. La mort (vv. 45-54)
c. La sépulture (vv. 55-61)
7. La résurrection (27, 62 – 28, 20)
a. Les gardes au sépulcre (27, 62-66 et 28, 11-15)
b. La tombe vide (28, 1-10)
c. L'épilogue en Galilée (28, 16-20)

Pour sa part, Roland Meynet structure le récit de la Passion et Résurrection de Jésus selon Mt en quatre séquences dont les parties centrales reflètent en filigrane la thématique vétérotestamentaire du troisième et du quatrième chant du Serviteur d'Isaïe (cf. Is 51, 4 – 52, 12 et Is 52, 13 – 53, 12). Dans la première séquence (26, 1-56) qu'il intitule ''la Pâque du Serviteur pour la rémission des péchés'', Meynet affirme que le passage central de cette séquence en est sa clé de lecture : Mt 26, 26-29 *''la mort de Jésus est pour la rémission des péchés d'une multitude''* (cf. Is 53, 11). Ainsi, n'hésite-t-il pas à établir une corrélation entre l'agneau pascal qui sera sacrifié – dont Jésus en évoque le contexte en Mt 26, 1 – avec la figure de l'agneau en Is 53, 7. À en croire Meynet, le sacrifice de cet agneau renvoie aussi à celui d'Ex 12, 5-7. Pour Meynet, le dernier passage de cette séquence (26, 56) fait écho à la finale du quatrième chant du Serviteur : « …il a été compté parmi les criminels » (Is 53, 12).

Ière séquence de la Pâque : La Pâque du Serviteur pour la rémission des péchés (26, 1-56)

⇨ Jésus annonce que sa Pâque est proche : τὸ πάσχα…ὁ υἱὸς τοῦ ἀνθρώπου (26, 1-2)

- Les autorités décident de tuer Jésus : οἱ ἀρχιερεῖς…οἱ πρεσβύτεροι τοῦ λαοῦ (vv. 3-5)

Onction à Béthanie : μύρου βαρυτίμου… πραθῆναι πολλοῦ…πτωχοῖς (vv. 6-13)

- Le disciple Judas décide de livrer Jésus : μοι δοῦναι…οἱ ἔστησαν (vv. 14-16)

⇨ Jésus annonce que sa Passion est proche : ὁ καιρός μου ἐγγύς ἐστιν…τὸ πάσχα (vv. 17-19)

- Annonce de la trahison de Judas et d'autres : παραδώσει με…μήτι ἐγώ εἰμι (vv. 20-25)

La célébration de la Pâque : λαβὼν…δοὺς…τὸ σῶμά μου…τὸ αἷμά μου (vv. 26-29)

- Annonce reniement de Pierre/autres : πάντες σκανδαλισθήσεσθε…ἀπαρνήσῃ (vv. 30-35)

⇨ La tentation de la fuite : καθίσατε…προσεύξωμαι…μείνατε…γρηγορεῖτε…τὸ θέλημά σου…καθεύδετε…ἀναπαύεσθε…ἐγείρεσθε ἄγωμεν (vv. 36-46)

⇨ La tentation de la violence : μετὰ μαχαιρῶν καὶ ξύλων…κρατήσατε αὐτόν (vv. 47-56)

La deuxième séquence s'intitule "les Juifs et les païens condamnent le Serviteur" (26, 57 – 27, 26). Elle a pour passage central Mt 27, 1-2 : *"le Sanhédrin transmet Jésus à Pilate"*. De même que le Serviteur fut conduit à mort (LXX Is 53, 8b : ἤχθη εἰς θάνατον), Jésus à son tour sera conduit chez Caïphe (Mt 26, 57 : ἀπήγαγον πρὸς Καϊάφαν) puis livré à Pilate pour qu'il soit crucifié (Mt 27,

2 : παρέδωκαν). Meynet voit dans l'emploi du verbe παραδίδωμι traduisant l'acte de transmettre, l'image du Serviteur livré à la mort car il portait les péchés d'une multitude (LXX Is 53, 12 : παρεδόθη εἰς θάνατον). Par ailleurs, l'intervention de la femme de Pilate renvoie à Is 53, 11 : δικαιῶσαι δίκαιον εὖ δουλεύοντα πολλοῖς. Enfin, pour Meynet, Mt interprète le cri de "tout le peuple" comme une aspiration au salut acquis par les meurtrissures du Serviteur (LXX Is 53, 5b). Selon Meynet, Mt construit ce même lien quand il compare l'interrogation du gouverneur en Mt 27, 23 avec LXX Is 53, 9 : ὅτι ἀνομίαν οὐκ ἐποίησεν.

IIe séquence de la Pâque : le Sanhédrin transmet Jésus à Pilate (26, 57 – 27, 26)

⇨ Faux témoignage contre Jésus : ἰδεῖν τὸ τέλος…ὅπως αὐτὸν θανατώσωσιν (26, 57-61)

- Devant le grand prêtre, Jésus se déclare Christ : εἶ ὁ χριστὸς…μαρτύρων…χριστέ (26, 62-68)

⇨ Pierre refuse de témoigner pour Jésus : ἠρνήσατο ἔμπροσθεν πάντων…οὐκ οἶδα (26, 69-75)

Le Sanhédrin transmet Jésus à Pilate : ὥστε θανατῶσαι αὐτόν (27, 1-2)

⇨ Judas témoigne pour Jésus : τὰ τριάκοντα ἀργύρια…τὰ ἀργύρια…τὰ τριάκοντα ἀργύρια (27, 3-10)

- Devant le gouverneur, Jésus se déclare Roi des Juifs : σὺ εἶ…ὁ δὲ Ἰησοῦς ἔφη (27, 11-14)

⇨ Pilate témoigne pour Jésus : Ἰησοῦν τὸν Βαραββᾶν…ἵνα αἰτήσωνται τὸν Βαραββᾶν//Ἰησοῦν ἀπολέσωσιν…Ἰησοῦν τὸν λεγόμενον χριστόν (27, 15-26)

"La justification du Serviteur du Seigneur" (27, 27-61) est le titre que Meynet consacre à la troisième séquence de sa structure dont le passage central : *"les ténèbres couvrent la terre à midi"* évoque les effets apocalyptiques comme le tremblement de terre, le déchirement du voile du Temple et la résurrection des morts. Ceci est aux yeux de Meynet comme une élaboration thématique de Mt qui met au clair l'intervention divine en faveur du Serviteur (cf. LXX Is 50, 7 ; 52, 13 – 53, 1-2. 10-12). Les autres allusions sont : la dérision des soldats romains en Mt 27, 27-31 qui renvoie à la dérision faite au Serviteur d'Isaïe (cf. Is 21, 7. 19). Aussi, l'insertion matthéenne de ἄνθρωπος πλούσιος (27, 57) à sa source marcienne est vu par Meynet comme un rapprochement avec LXX Is 53, 9 : τῆς ταφῆς αὐτοῦ καὶ τοὺς πλουσίους.

IIIe séquence de la Pâque : la justification de Serviteur du Seigneur (27, 27-61)

⇨ Les soldats romains tournent Jésus en dérision : ἐκδύσαντες...χλαμύδα κοκκίνην περιέθηκαν...βασιλεῦ τῶν Ἰουδαίων...ἐξέδυσαν...τὴν χλαμύδα καὶ ἐνέδυσαν...τὰ ἱμάτια (27-31)

⇨ Les soldats romains crucifient Jésus : τοῦτον...καὶ γευσάμενος οὐκ ἠθέλησεν πιεῖν...οὗτός (32-37)

- Jésus crucifié est moqué par ses compatriotes : σταυροῦνται... εἰ υἱὸς εἶ τοῦ θεοῦ...θεοῦ εἰμι υἱός...οἱ συσταυρωθέντες (38-44)

Les ténèbres couvrent la terre : ἕκτης ὥρας σκότος ἐγένετο ἐπὶ πᾶσαν τὴν γῆν...ὥρας ἐνάτης (45)

- Jésus avant de mourir est moqué par ses compatriotes : ηλι ηλι...Ἠλίαν φωνεῖ...τὸ καταπέτασμα τοῦ ναοῦ ἐσχίσθη (46-51a)

⇨ Les soldats romains et les femmes juives témoins de l'événement : ἐνεφανίσθησαν... ἰδόντες...ἀληθῶς θεοῦ υἱὸς ἦν οὗτος...θεωροῦσαι (51b-56)

⇨ Joseph donne une sépulture à Jésus : Ἰωσήφ...τὸ σῶμα τοῦ Ἰησοῦ...Μαριὰμ (57-61)

La quatrième séquence, enfin, développe cette idée : ''le Serviteur se révèle comme le Fils aîné d'une multitude de frères'' (27, 62 – 28, 20). Elle a pour centre : *''Jésus envoie les femmes dire à ses disciples d'aller en Galilée''*. Meynet fait observer que la racine des termes πλάνος (imposteur) en 27, 63 et πλάνη (imposture) en 27, 64 revient aussi en LXX Is 53, 6a : ἐπλανήθημεν. Pour lui, cette imposture de laquelle Jésus fut accusé était en réalité les péchés de ses accusateurs. Aussi, le discours final de Jésus en 28, 18 fait penser à la finale du quatrième chant du Serviteur (LXX Is 53, 12). Dans son étude sur le rapprochement du récit de la Passion, Mort et Résurrection de Jésus en Mt avec le chant du Serviteur, Meynet porte son attention également sur le terme grec πᾶς qui revient quatre fois dans le discours final de Jésus (28, 18-20). Selon lui, son équivalent πολλοί en LXX Is 52, 14-15 ; 53, 12 constitue le mot-clé du quatrième chant du Serviteur.

IVe séquence de la Pâque : le Serviteur se révèle comme le Fils aîné d'une multitude (27, 27-61)

⇨ Les autorités juives veulent interdire la résurrection : ἀσφαλισθῆναι τὸν τάφον...ἠγέρθη ἀπὸ τῶν νεκρῶν...ἠσφαλίσαντο τὸν τάφον (27, 62-66)

- L'ange demande aux femmes d'annoncer la Résurrection aux disciples : οὖ φόβου...τῶν νεκρῶ... μετὰ φόβου (28, 1-8)

Jésus demande aux femmes de dire à ses frères d'aller en Galilée : Ἰησοῦς...χαίρετε...προσελθοῦσαι...ὁ Ἰησοῦς μὴ φοβεῖσθε (28, 9-10)

- Les autorités juives veulent nier la résurrection : ἀπήγγειλαν...πείσομεν...ἐδιδάχθησαν (28, 11-15)

⇨ Jésus demande aux onze de faire de toutes les nations ses disciples : Οἱ δὲ ἕνδεκα μαθηταὶ...οὖν μαθητεύσατε πάντα τὰ ἔθνη (28, 16-20).

Les structures de Gaechter et de Meynet nous paraissent d'une grande finesse. En effet, à travers elles, nous parvenons à localiser Mt 27, 25, le texte de notre étude, dans la partie centrale (27, 1-26)[1] de tout le récit de

[1] C'est finalement cette péricope centrale du récit de la Passion – que nous considérons comme unité sémantique en soi – qui nous intéressera pour la confrontation dans la triple tradition. Notre choix des limites de la péricope est motivé, au-delà de son contenu, par des critères d'ordre stylistique (le marqueur temporal du v. 1 : Πρωΐας δὲ γενομένης indique le début d'une nouvelle séquence dans laquelle trois nouveaux personnages feront leur entrée en scène : Pilate, sa femme et le peuple. Mais aussi, cette péricope marque le changement du cadre topographique : l'on passe de la résidence de Caïphe au sanctuaire, puis au prétoire) et d'ordre rhétorique (les vv. 1-4 : λαός + Ἰησοῦς + θανατόω + παραδίδωμι + Πιλᾶτος + αἷμα + ἀθῷος forment

la Passion, Mort et Résurrection dont l'enjeu du ''sang innocent'' tourne autour de la thématique de la condamnation et de la rédemption. Chez Gaechter, cette thématique apparaît dans le chiasme c-c': 26, 47 – 27, 31a tandis que chez Meynet elle se trouve à cheval entre la deuxième et la troisième séquences : 26, 57 – 27, 61.

2.1.2. Les motifs littéraires de αἷμα ἀθῷος, δίκαιος et ἁμαρτία dans la Passion en Mt

Venons-en maintenant à la question principale de notre recherche. Mt est l'unique évangéliste dans la tradition synoptique de la Passion à miser sur le double-sens du vocable αἷμα ''sang''[1]. À travers l'insertion des quelques matériaux qui lui sont propres en 27, 3-10. 19. 24-25, Mt instaure une relation conceptuelle entre les termes ἁμαρτία, ἀθῷος et δίκαιος de laquelle dépend la signification qu'il attribue au sang de Jésus. Ces mots-clés sont mis en relief dans sa composition comme des motifs littéraires de la thématique sur la condamnation et la rédemption qui caractérise tout le récit de la Passion. Nous étudions à présent les occurrences du terme αἷμα en rapport avec les concepts ἁμαρτία, ἀθῷος et δίκαιος dans Mt 27, 1-26 en examinant de plus près les passages dans lesquels ils apparaissent. Dans l'intrigue des versets à étudier nous nous apercevrons que Mt, sans nommer explicitement Jésus, présente six autres personnages dont les actions révèlent le sens obvie du sang que le peuple appelle sur lui en Mt 27, 25. Il s'agit de Judas, des grands prêtres et des anciens du peuple, de la femme de Pilate, de Pilate lui-même, de la foule et du peuple.

---

une inclusion avec les vv. 24-26 : Πιλᾶτος + ἀθῷος + λαός + αἷμα + Ἰησοῦς + παραδίδωμι + σταυρόω).

[1] Cf. T. B. CARGAL, « ''His Blood be Upon Us and Upon Our Children'' : A Matthean Double Entendre? », *NTS* 37, 109-112.

Sur la base de son contenu Mt 27, 1-26, étant la péricope centrale de la Passion, peut être subdivisée en cinq parties dans lesquelles sont concentrés les vocables que nous étudierons :

a. 1-2 Le transfert de Jésus à Pilate	
b. 3-10 L'intervention et la fin de Juda	v. 4 : ἥμαρτον παραδοὺς *αἷμα ἀθῷον.* v. 6 : …ἐπεὶ *τιμὴ αἵματός* ἐστιν. v. 8 : διὸ ἐκλήθη ὁ ἀγρὸς ἐκεῖνος *ἀγρὸς αἵματος* ἕως τῆς σήμερον.
c. 11-14 La comparution de Jésus devant Pilate	
b'. 15-21 L'intervention de la femme de Pilate sur le choix entre Jésus et Barabbas	v. 19 : …μηδὲν σοὶ καὶ *τῷ δικαίῳ ἐκείνῳ*· πολλὰ γὰρ ἔπαθον σήμερον κατ' ὄναρ δι' αὐτόν.
a'. 22-26 Le transfert de responsabilité entre Pilate et le peuple	v. 24 : …*ἀθῷός εἰμι* ἀπὸ τοῦ *αἵματος τούτου*· ὑμεῖς ὄψεσθε. v. 25 : καὶ ἀποκριθεὶς πᾶς ὁ λαὸς εἶπεν· *τὸ αἷμα αὐτοῦ* ἐφ' ἡμᾶς καὶ ἐπὶ τὰ τέκνα ἡμῶν.

(27, 4) ἥμαρτον παραδοὺς αἷμα ἀθῷον.

L'épisode de la mort de Judas est un récit proleptique inséré intentionnellement dans la rédaction de Mt. Il dépeint en amont ce qui constitue en réalité l'enjeu de toute l'intrigue du procès romain. En effet, le rythme de la prolepse compose des parallélismes qui répondent à certains motifs de l'organisation de ce procès. Ce phénomène s'observe de la manière suivante :

Prolepse	//	Procès
27, 4 : ἥμαρτον παραδοὺς αἷμα ἀθῷον	Parallélisme synonymique	27, 19 : μηδὲν σοὶ καὶ τῷ δικαίῳ ἐκείνῳ· πολλὰ γὰρ ἔπαθον σήμερον κατ' ὄναρ δι' αὐτόν
27, 5-6 : καὶ ῥίψας τὰ ἀργύρια εἰς τὸν ναὸν ἀνεχώρησεν, καὶ ἀπελθὼν ἀπήγξατο. Οἱ δὲ ἀρχιερεῖς λαβόντες τὰ ἀργύρια εἶπαν· οὐκ ἔξεστιν βαλεῖν αὐτὰ εἰς τὸν κορβανᾶν, ἐπεὶ τιμὴ αἵματός ἐστιν	Parallélisme synthétique	27, 26-27: τότε ἀπέλυσεν αὐτοῖς τὸν Βαραββᾶν, τὸν δὲ Ἰησοῦν φραγελλώσας παρέδωκεν ἵνα σταυρωθῇ. Τότε οἱ στρατιῶται τοῦ ἡγεμόνος παραλαβόντες τὸν Ἰησοῦν εἰς τὸ πραιτώριον συνήγαγον ἐπ' αὐτὸν ὅλην τὴν σπεῖραν
27, 4 : - ἥμαρτον παραδοὺς αἷμα ἀθῷον - σὺ ὄψῃ	Parallélisme antithétique et variation	27, 24 : - ἀθῷός εἰμι ἀπὸ τοῦ αἵματος τούτου - ὑμεῖς ὄψεσθε

Ce tableau explique que le repentir de Judas et sa confession trouvent un écho dans la protestation de l'innocence de Jésus faite par la femme de Pilate. L'intervention de la femme de Pilate est en quelque sorte lié à l'acte de Judas du fait que celui-ci, après avoir confessé son péché, se retire à l'arrière-plan de la scène (ἀνεχώρησεν) tandis que la femme de Pilate, tout en étant en dehors de la scène, fait dire à Pilate (ἀπέστειλεν) sa souffrance pour l'inculpé. Bien plus, le ''prix du sang'' jeté par Judas et ramassé par les grands prêtres renvoie, au moment du procès, à la livraison de Jésus par Pilate et sa récupération par les soldats romains. Pour dire que d'un côté, Judas et Pilate renoncent au chemin du péché et de l'autre, les grands prêtres et les soldats romains portent ce péché à son accomplissement. Le dialogue entre Judas et les grands prêtres, quant à lui, ressemble plus à celui que Pilate engage avec une foule acquise à la cause des grands prêtres. D'une part, Judas avoue l'innocence de Jésus alors que les grands prêtres, par une isotopie matthéenne : σὺ ὄψῃ (27, 4), renvoient Judas en lui-même[1]. D'autre part, c'est Pilate qui se déclare innocent. Ici l'isotopie fonctionne à l'inverse. L'idiome ὑμεῖς ὄψεσθε (27, 24) dans ce cas signifie que Pilate se désolidarise, à son tour, du projet des grands prêtres.

Il est probable que Mt construise ces deux mises en scène pour mettre à l'évidence le sens du "prix du sang" dont la signification est au crible de deux polarités : celle du péché qui entraîne la condamnation et celle de l'innocence qui octroie le salut, la rédemption. Autrement dit, dans ce procès criminel, soit on se reconnaît non coupable de la mort d'un innocent (cf. Mt 27, 24) dont on évoque le sang par une formule déprécative (cf. 27, 25), soit on est du côté du pécheur qui reconnaît son péché du fait d'avoir livré un sang innocent (27, 4). Ce n'est pas un hasard que Mt localise cette scène de Judas dans le Temple (cf. 27, 4-5)[2], le lieu de l'expiation du péché où

---

[1] Pour O.-T. VENARD (ed.), *La Passion selon saint Matthieu. Matthieu 26 – 28*, (BEST), 273, Mt emploie σὺ ὄψῃ en 27, 4 comme une isotopie sémantique de la séparation. La réponse des grands prêtres établit une rupture nette entre eux et Judas qu'ils méprisent, alors que son repentir atteste à leurs yeux la permanence de son lien avec la communauté de Jésus.

[2] Il est invraisemblable que du procès nocturne orchestré chez Caïphe, le Sanhedrin se retrouve d'un bon matin dans le Temple, même si cela pouvait être possible puisqu'il existait dans le mur nord du Temple un compartiment appelé la salle des pierres taillées (לשכת הגזית) qui était la salle du conseil du Sanhedrin, c'est-à-dire le siège naturel des réunions du Sanhedrin. Au sujet de ce conseil matinal, A. MELLO pense qu'il s'agit soit de la reprise du même procès nocturne après une longue insertion matthéenne du reniement de Pierre, soit d'une digression qui n'est autre que la suite du marché que Judas a conclu

Judas déclare : ἥμαρτον παραδοὺς αἷμα ἀθῷον « J'ai péché *de livrer*[1] un sang innocent ». Judas confesse quand même son péché devant YHWH. Cependant, il s'éloigne de Lui pour se faire justice.

Frédéric Manns a démontré que le récit de la mort de Judas, qui contient des traditions orales populaires véhiculées d'abord en araméen, est un *midrash* chrétien[2]. Pour lui, Mt y applique ingénieusement la technique de

---

avec les grands prêtres et les anciens du peuple sur les trente pièces d'argent en Mt 26, 14-16. Nous pensons que l'emploi de ναός (sanctuaire) en 27, 5 n'est pas une simple synecdoque pouvant désigner ἱερόν (Temple). Dans l'ensemble de son évangile Mt a bien conscience de distinguer à bien de reprise le vocable ναός de ἱερόν. Il est vrai que Judas n'est pas entré physiquement dans le sanctuaire, mais le fait que Mt localise cette scène dans le Temple en employant le terme ναός est à dessein. Pour Mt, ce terme est bien spécifique, car il indique un lieu précis du Temple, c'est-à-dire son sanctuaire appelé aussi saint des saints. Si c'est cela l'intention de Mt, la déclaration de Judas pourrait être interprétée comme un acte de repentance de son péché. Dans ce cas, le Temple, mieux son sanctuaire, renverrait au lieu indiqué au sacrifice pour le pardon des péchés (cf. Lv 4, 1-5. 13 ; 7, 1-6).

[1] Cf. BDR, 414, 12.

[2] Cf. F. MANNS, *Une approche juive du Nouveau Testament*, (InB), 101-109. Pour MANNS, « resituer l'épisode de la mort de Judas dans le contexte de l'histoire du salut, ce n'est pas nier son historicité. C'est souligner seulement que l'Écriture ne sépare pas le fait de son interprétation religieuse », 108-109. Voir aussi M. TARADACH, *Le Midrash. Introduction à la littérature midrashique (Drš dans la Bible, les Targumim, les Midrašim)*, (MdB 22), 44 n. 25. À la page 47 du même ouvrage M. TARADACH affirme que l'actualisation du texte que poursuit le midrash ne s'agit pas d'une manipulation d'un texte qui lui ferait dire ce qu'il ne dit pas pour les besoins de la cause. Le midrash obéit au principe suivant : les écrits bibliques antérieurs sont inscrits dans un contexte historique précis, mais ils sont aussi la Parole qui s'adresse éternellement aux hommes de toutes les époques, d'où la nécessité interprétative d'une exégèse et d'une herméneutique plus approfondie.

l’exégèse juive du טרטי משמה [1] qui lui sert de mode de signification au “prix” ou à la “valeur” paradoxal du sang de Jésus[2]. Pour cela, Mt fait fonctionner deux termes dont le double-entendre concourt à l’avènement de cette signification. Il s’agit de “sang innocent” et de “Judas”.

L’expression αἷμα ἀθῷον dans les textes grecs, et surtout dans ceux du NT, est le décalque sémantique du concept hébraïque דָּם הַנָּקִי “sang de l’innocent” ou de דָּם נָקִי “sang innocent”. Son premier emploi remonte à un contexte juridique qui définit la loi de la vengeance du sang d’un individu innocent, victime d’un homicide. Dt 19, 1-13 légifère ce principe de “vengeur de sang” comme mode par lequel le sang d’un innocent tué volontairement est éliminé. Dans sa casuistique, le texte de Dt accorde aussi le droit d’asile au responsable d’un homicide involontaire en vue de garantir qu’aucun autre sang innocent ne soit versé. Dt 21, 1-9 décrit, en revanche, le rituel à mettre en application au cas où le meurtrier demeure inconnu[3]. Afin que le territoire dans lequel est retrouvée la victime ne porte pas la responsabilité du délit du sang innocent, les lévites et les anciens, près d’un cours d’eau, immoleront une génisse, qui n’a pas encore servi au travail, sur laquelle ils se laveront les mains prononçant une déprécation[4]. L’utilisation juridique de l’expression

[1] Cf. F. MANNS, « Les Mots à double entendre », *LA* 38, 39-57. טרטי משמה signifie mots à double-entendre.

[2] Cf. J. P. HEIL, *The Death and Resurrection of Jesus. A Narrative-Critical Reading of Matthew 26 – 28*, 76.

[3] Cf. T. VEGLIANTI, *Dizionario teologico sul Sangue di Cristo*, (CSSC), 693-694.

[4] Le TM du Dt 21, 7-8 présente cette déprécation comme suit : יָדֵינוּ לֹא שָׁפְכָה [שָׁפְכוּ] אֶת־הַדָּם הַזֶּה וְעֵינֵינוּ לֹא רָאוּ׃ כַּפֵּר לְעַמְּךָ יִשְׂרָאֵל אֲשֶׁר־פָּדִיתָ יְהוָה וְאַל־תִּתֵּן דָּם נָקִי בְּקֶרֶב עַמְּךָ יִשְׂרָאֵל וְנִכַּפֵּר לָהֶם הַדָּם׃ « Nos mains n’ont point répandu ce sang et nos yeux ne l’ont point vu répandre. Pardonne, ô Seigneur ! à ton peuple d’Israël, que tu as racheté ; n’impute pas le sang innocent à ton peuple d’Israël, et ce sang ne lui sera point imputé » (Notre traduction).

“sang innocent” passera dans le langage commun pour désigner couramment une “victime d’un assassinat” (cf. 1S 19, 5 ; 2R 24, 4) ou d’un “sacrifice rituel” (2R 21, 16 ; Jr 19, 4-5 ; Ps 106, 38).

L’évolution sémantique de l’expression “verser le sang” assumera par la suite une connotation générique qui apparaîtra dans certains passages bibliques sur la liste d’impiétés et de culpabilités au même titre que l’oppression de l’étranger, de l’orphelin et de la veuve ; l’idolâtrie ; la violation du sabbat et le manque de respect aux parents (cf. Ex 21, 20-22 ; Is 59, 2-8 ; Jr 7, 6 ; 22, 3 ; Pr 7, 6 ; Lv 20, 9. 11. 13. 16)[1]. Après l’Exil, l’expression דָּם נָקִי connaîtra un nouveau développement théologique. Le “sang innocent” désignera finalement le “juste” (Ps 94, 21). Cette nouvelle identification est appliquée à Israël, un peuple assujetti et victime des puissantes civilisations du Moyen-Orient ancien (cf. Jl 4, 19). C’est cette acception qu’il faudra considérer quand il s’agit de αἷμα ἀθῷον ou de αἷμα δικαίου. Une expression qui a une longue histoire interprétative. Au départ, elle renvoyait à l’animal immolé à la place de l’homme (cf. Dt 21, 1-9), puis elle désignait l’homme ou le juste qui accepte de s’immoler pour sauver d’autres (cf. Is 51 – 53). Enfin, Israël qui s’est toujours considéré comme ce juste opprimé par les puissants est, dans la théologie de Mt, présenté comme celui qui refuse, en tant que peuple, de continuer d’assumer ce destin de “bouc émissaire” pour les nations mais le fait porter à Dieu à travers son propre Fils qui s’immole lui-même pour sauver l’Homme (cf. Mt 26, 28 ; 27, 25).

Israël a toujours interprété son assujettissement par des grandes puissances dans le sens d’une victimisation. Le premier texte biblique qui élabore cette théologie est

[1] Cf. T. VEGLIANTI, *Dizionario teologico sul Sangue di Cristo*, (CSSC), 694-695.

l'Exode. Il présente le peuple d'Israël comme victime de Pharaon. Pour se libérer de la main de son oppresseur, Israël a dû substituer son sang en péril à celui de l'agneau pascal (cf. Ex 12, 3-7. 13. 21-23). Dominique Barthélemy parlera d'un Israël sauvé en tant que victime par sa propre victime[1]. Pour cet éminent exégète, si les premiers-nés des Égyptiens sont condamnés à l'extermination (cf. Ex 11, 5 ; 12, 29), c'est parce que les Égyptiens ont condamné à l'extermination Israël, le premier-né de Dieu. La plaie des premiers-nés est un terrible talion fait par YHWH pour ouvrir les yeux des persécuteurs : ce qu'ils ont tenté de faire aux sans-défense qu'ils haïssent retombe sur les sans-défense qu'ils chérissent, car tout coup qui frappe un être sans défense frappe le Juge tout-puissant à la pupille de l'œil (cf. Za 2, 12)[2].

Pour échapper au châtiment qui va frapper son bourreau, Israël a besoin d'une victime de substitution, poursuit Barthélemy. C'est pour rendre clair à ses yeux que s'il échappe à ce châtiment, ce n'est pas en tant qu'Israël, mais en tant que victime. Le sang de l'agneau pascal marquant ses portes manifeste sa situation actuelle de victime qui motivera sa propre libération[3]. Cela veut dire, conclut Barthélemy, qu' : « un membre de l'humanité adamique vouée à la mort met lui-même à mort un animal, c'est-à-dire une créature qui échappe à la condamnation qui pèse sur lui, et répand la vie de cette créature devant Dieu en substitution de sa propre vie condamnée par Dieu. Ce sang innocent répandu devient mystérieusement intercession pour celui qui l'a répandu. Seul le sang d'une

---

[1] Cf. D. BARTHELEMY, *Dieu et son image. Ébauche d'une théologie biblique*, 212-213.

[2] Cf. D. BARTHELEMY, *Dieu et son image. Ébauche d'une théologie biblique*, 212.

[3] Cf. D. BARTHELEMY, *Dieu et son image. Ébauche d'une théologie biblique*, 212-213.

victime sans tache peut intercéder pour un coupable »[1]. C'est tout le mécanisme, nous semble-t-il, que Mt déploie dans le procès romain pour faire ressortir le sens de la mort de Jésus et celui du prix du sang qu'il paye comme tribut pour le salut du genre humain.

C'est dans ce sens que Mt 27, 4 joue sur le double-entendre du terme "sang". Tout d'abord, דם "sang" se traduit au singulier comme principe de vie dont YHWH interdit la consommation à la sortie du déluge (cf. Gn 9, 4-6) : tout sang répandu par l'homme, YHWH se le réserve comme sa propre part. Le sang des innocents, il se le réserve comme une pièce à conviction contre leurs bourreaux. Or, selon Lv 17, 11, le sang des animaux abattus par l'homme devait également être offert à YHWH comme une substitution pour la vie de l'homme pécheur[2]. Mt 27, 4 conjugue le verbe ἁμαρτάνω à l'aoriste de l'indicatif : ἥμαρτον. Ce qui signifie que sur l'axe de temps, le péché de Judas est une action conclue au passé par rapport à sa confession devant les grands prêtres et les anciens. Ce fait mérite qu'on lui accorde une attention particulière. En d'autres termes, Judas confesse un péché qu'il a commis en lien avec le sang humain. Koch qui a étudié l'usage du substantif חָטָא affirme que la forme חָטָאתִי "j'ai péché" appartient au langage liturgique dont le *Sitz im Leben* est celui des célébrations cultuelles au Temple où l'individu est contraint de se confesser avant une remise de peine par un acte expiatoire[3]. La littérature rabbinique sur le *Yom Kippour*, le jour par excellence du pardon et d'expiation des péchés, fixe un rituel du *"confiteor"* par lequel chaque individu confesse

[1] Cf. D. BARTHELEMY, *Dieu et son image. Ébauche d'une théologie biblique*, 213-214.
[2] Cf. D. BARTHELEMY, *Dieu et son image. Ébauche d'une théologie biblique*, 211.
[3] Cf. K. KOCH, « hātā », *GLAT*, II, 913.

publiquement ses péchés à la première personne[1]. Les occurrences vétérotestamentaires de חָטָא employé comme substantif ou dans sa forme verbale à la première personne du singulier de l'aoriste prouvent à suffisance son rapport avec le culte d'expiation (cf. LXX Js 7, 20 ; Jg 11, 27 ; 2S 19, 21 ; 24, 10 ; Ps 41, 5 ; 51, 6 ; Jb 7, 20 ; 33, 27 ; Si 5, 24 ; Mi 7, 9 ; Jr 2, 35).

Pourtant, littéralement, Judas ne qualifie pas son acte de sacrifice mais il le considère comme un "péché". C'est ici que l'on peut placer l'autre sens du "sang innocent livré". Le péché de Judas ne consiste pas seulement dans le fait de "sacrifier" un sang innocent. Ceux qui sacrifient le sang innocent des animaux au Temple le font sans pécher pour autant. Le péché de Judas est plus vu en vertu du Dt 27, 25 : אָרוּר לֹקֵחַ שֹׁחַד לְהַכּוֹת נֶפֶשׁ דָּם נָקִי וְאָמַר כָּל־הָעָם אָמֵן׃ « Est maudit celui qui reçoit un présent pour répandre le sang de l'innocent ! Et tout le peuple dira : Amen ! ». Dans ce cas, le verbe παραδίδωμι du texte grec traduit l'araméen שלם veux dire "payer"[2]. Ainsi, l'acte de livrer un sang innocent au profit d'un gain pécuniaire est comparable à un homicide volontaire. Le mot "sang" est au pluriel dès qu'il s'agit du sang d'autrui versé volontairement et qui pèse sur le meurtrier[3]. Employé au pluriel, en hébreu comme en araméen, דמים peut signifier le "prix" ou la "valeur"[4]. C'est avec raison qu'en Mt les grands prêtres et les anciens du peuple qualifient les trente pièces d'argent comme un τιμὴ αἵματός "valeur/prix du sang" (27, 6). Nous avons reconnu à la suite de Frédéric Manns que le récit de la mort de Judas reprenait des

[1] Cf. *b. Yoma* 87a ; *m. B. Qam.* 8, 7 ; *m. Sanh.* 6, 2.

[2] Cf. F. MANNS, *Une approche juive du Nouveau Testament*, (InB), 107.

[3] Cf. K. KOCH, « Der Spruch "Sein Blut bleibe auf seinem Haupt" und die israelitische Auffasung vom vergossenen Blut », *VT* 12, 406.

[4] Cf. F. MANNS, *Une approche juive du Nouveau Testament*, (InB), 107.

traditions qui circulaient dans la communauté primitive, notamment celle à propos de Caïn et Abel. Il n'est pas exclu que Mt reprenne ce motif ici. Du meurtre d'Abel, le TM et le *Tg. Ps.-J.* convergent pour parler de sang au pluriel :

TM Gn 4, 10

וַיֹּאמֶר מֶה עָשִׂיתָ קוֹל דְּמֵי אָחִיךָ צֹעֲקִים אֵלַי מִן־הָאֲדָמָה׃

Tg. Ps.-J. Gn 4, 10

ואמר מה עבדת קל דמי קטילת אחוך דאיתבלעו בגרגישתא צווחין קדמיי מן ארעא

La *Mishna* reprend l'idée du sang au pluriel et explique l'interprétation du *Tg. Onq.*[1]. Pour elle, le pluriel s'explique du fait que sur le faux témoin d'un procès criminel pèse la valeur du sang de la victime. Ce sang se dit au pluriel puisque sa valeur prend en compte aussi le sang des éventuels descendants de la victime[2]. Ce rôle de faux témoins est assumé, dans le contexte de la Passion, par les grands prêtres plutôt que par Judas qui s'est repenti de sa trahison.

Par ailleurs, avec la technique du double-entendre, il nous paraît soutenable que Mt exploite aussi l'étymologie du nom de יְהוּדָה "Juda" – dont la signification est "je rendrai gloire à YHWH" (cf. Gn 29, 35) – pour offrir un sens possible à la mort de l'innocent. La figure du personnage de Judas ainsi que la construction de son rôle dans la Passion en Mt ne nous semble pas poursuivre un objectif antijuif, elles renvoient plutôt à une typologie de deux figures de l'AT : Juda et Ahitophel susceptible de

[1] Le *Tg. Onq. Gn* 4, 10 traduit : « La voix du sang des descendants qui devaient sortir de ton frère ».
[2] Cf. *m. Sanh.* 4, 5.

deux grands types d'interprétation opposés. Ces interprétations sont néanmoins harmonisables[1].

Selon l'interprétation négative, Judas est celui qui procure la mort du Messie. Pour ce fait, il serait comparable à Ahitophel évoqué dans le récit des intrigues d'Absalon et la trahison de David (cf. 2S 15 – 17). Si David est type de son ''fils'' Jésus, messie comme lui, Ahitophel, son compagnon qui le trahit, est type de Judas. La BEST éditée par Olivier-Thomas Venard rapporte de nombreuses analogies entre Ahitophel et Judas[2] :

- David est trahi (2S 15ss) // Judas trahit le Messie, fils de David (Mt 26, 14-16. 47-49).
- Prière de David pour que Dieu transforme en folie la décision d'Ahitophel (2S, 15, 31) // Jésus prie pour que la coupe passe loin de lui (Mt 26, 36-46).
- Ahitophel veut surprendre David *de nuit* ''νυκτός'' (2S 17, 1 // Mt 26, 31. 34), avec douze mille hommes (2S 17, 1 // Mt 26, 53), pour le *frapper* ''πατάσσω'' (2S 17, 2 // Mt 26, 31), et *faire fuir* ''φεύγω'' (2S 17, 2 // Mt 26, 56) ceux qui sont avec David (2S 17, 2 // Mt 26, 18. 20. 36. 40. 51. 69. 71).
- Ahitophel rentre chez lui et *s'étrangle/se pend* ''ἀπάγχω'' (2S 17, 23 // Mt 27, 5).

L'interprétation positive du rôle de Judas dans la mort de Jésus, celle que l'on peut retenir comme constitutive de sens du prix du sang en Mt, est que le nom de Juda signifie ''rendre gloire à Dieu''. יְהוּדָה est le seul nom des fils de Jacob, dernier fils de Léa, qui porte le tétragramme divin dont le signe de la vocation est la louange. Le Patriarche

[1] Cf. O.-T. VENARD (ed.), *La Passion selon saint Matthieu. Matthieu 26 – 28*, (BEST), 274.
[2] Cf. O.-T. VENARD (ed.), *La Passion selon saint Matthieu. Matthieu 26 – 28*, (BEST), 274.

Juda est donc le chef d'une tribu qui doit plus particulièrement louer YHWH : « C'est de lui que descendent David et le Messie, fils de David, et c'est sa tribu qui aura la garde du Temple, où réside le Nom de YHWH. Dans le cycle de Joseph, en Gn 37, 26-27, Juda est celui qui vend son frère pour lui éviter la mort de faim et de soif dans la fosse où les autres frères voudraient l'abandonner. On pourrait comprendre que Juda, vendant son frère Joseph aux Égyptiens, maîtres du monde païen de l'époque, voulait tester les prétentions messianiques de son frère (cf. Gn 37, 6-11). Et cette vente a permis à Joseph, plus tard, de sauver la vie de toute sa famille affamée (cf. Gn 45) et de *rendre grâce à Dieu* pour sa providence : ''C'est pour préserver vos vies que Dieu m'a envoyé en avant de vous'' (Gn 45, 5) »[1].

Une application peut être possible à la figure du disciple qui peut-être serait un prézélote. Il croit que Jésus est le roi-messie, le ''fils de Dieu'', comme tous les rois de Juda, il doit donc être reconnu par l'institution religieuse centrale en Juda : le Temple. Il cherche comment livrer Jésus aux grands prêtres. Il organise une confrontation, un dialogue aboutissant à la reconnaissance formelle de la messianité de Jésus par les garants des institutions. Finalement sa faute permet à Pierre *de rendre grâce à Dieu* pour les décrets de sa providence, qui tire un bien infini d'un mal circonstancié : ''C'est pour vous qu'est la promesse'' (Ac 2, 39)[2]. Il nous paraît possible que Mt ait recours à cette figure de Juda quand il assigne au disciple ce rôle que ses lecteurs implicites pourraient vite deviner.

---

[1] O.-T. VENARD (ed.), *La Passion selon saint Matthieu. Matthieu 26 – 28*, (BEST), 274.
[2] O.-T. VENARD (ed.), *La Passion selon saint Matthieu. Matthieu 26 – 28*, (BEST), 274.

(27, 6) Οἱ δὲ ἀρχιερεῖς λαβόντες τὰ ἀργύρια εἶπαν· οὐκ ἔξεστιν βαλεῖν αὐτὰ εἰς τὸν κορβανᾶν, ἐπεὶ τιμὴ αἵματός ἐστιν.

Le terme κορβανᾶν est la transcription grecque d'un emprunt araméen קָרְבָּן ou קָרְבָּנָא qui signifie ''trésor du Temple''[1]. Dans le texte de Mt il constitue un « sémitisme d'emprunt »[2]. Originairement, son emploi dans l'AT renvoyait à ce qui est sacrifié ou offert plus particulièrement à Dieu (cf. Nb 7, 3). Il signifie donc l'offrande. Flavius Josèphe expliquera ce terme technique comme désignant une procédure de consécration de soi à Dieu des personnes appelées *Nazaréens* ou d'un objet retiré à l'usage commun[3]. Ce terme pouvait aussi désigner le dépôt de ce qui est offert au Temple, c'est-à-dire le trésor du Temple[4]. Dans le NT, Mt l'utilise dans le sens reconnu par la tradition juive comme ''trésor du Temple''[5]. Il apparaît en Mt 27, 6 comme un *hapax legomenon* du premier évangile puisque dans la double tradition au sujet de la discussion sur les traditions pharisaïques (Mc 7, 11s // Mt 15, 3s), Mc 7, 11 emploie κορβᾶν (seulement ici) tandis que Mt l'évite en se servant d'une périphrase pour dire la même chose que Mc : δῶρον ὃ ἐὰν ἐξ ἐμοῦ ὠφεληθῇς. En réservant le terme κορβανᾶν à 27, 6 Mt veut lui attribuer un sens particulier qui contribue à la signification de la valeur du sang de Jésus.

Les grands prêtres refusent de recueillir τὰ ἀργύρια[6] ''trente pièces d'argent'', ce bien mal acquis rendu par

---

[1] Cf. BDAG, 559.

[2] J. CARMIGNAC, *La naissance des Évangiles synoptiques*, 30.

[3] Cf. F. JOSÈPHE, *A. J.*, IV, 72-73.

[4] Cf. F. JOSÈPHE, *B. J.*, II, 175.

[5] Cf. *m. Šeqal.* 6, 5 et 5, 6.

[6] Pour LAGRANGE ce pluriel grec est étonnant. Il est employé pour de la monnaie d'argent mais pas pour signifier trente pièces d'argent. Les LXX ont toujours le singulier. Mais le pluriel en grec se conçoit très bien comme expression du collectif hébreu : כֶּסֶף pour dire ''argent''

Judas, pour les placer dans le trésor du Temple. Le verbe impersonnel ἔξεστιν (il est autorisé à faire quelque chose ; il est juste ; il est autorisé ; il est permis ; il est approprié)[1] utilisé par Mt souligne le caractère normatif de l'obligation de ne pas placer cet argent dans le trésor du Temple. Dans le NT, plus spécialement en Mt, ce verbe se réfère principalement à la Loi ou à la volonté de Dieu avec ses exigences spécifiques, en particulier la Loi de l'AT (cf. Mt 12, 2. 4. 10. 12 ; 14, 4 ; 19, 3 ; 20, 15 ; 22, 17). À l'instar du texte de Ml 1, 13-14, un principe rabbinique interdisait d'accomplir un commandement par le biais d'une transgression[2]. Ainsi un sacrifice au Temple ne pouvait pas être apporté à partir d'un animal volé[3]. C'est-à-dire que l'homme ne peut pas consacrer à Dieu ce qui ne lui appartient pas[4]. Dire qu'il n'est pas permis (selon la Loi) de verser le prix du sang dans le trésor du Temple par souci d'appliquer la *Torah* pendant que l'on se permet de verser le sang innocent est une ironie[5] employée par Mt pour accentuer la gravité de la transgression de la Loi de la part des grands prêtres et anciens du peuple. Par cette déclaration, ceux-ci attestent en même temps l'innocence de Jésus et signent par ce fait même leur propre condamnation au regard de la Loi en admettant eux-mêmes que cet argent est le τιμὴ αἵματός. Autrement dit,

---

comme en Gn 20, 16 (cf. Mt 25, 27 ; 28, 12. 15). Ou bien le traducteur s'est autorisé ce pluriel dans un sens rétroactif d'Ex 21, 32 : כֶּסֶף | שְׁלֹשִׁים שְׁקָלִים pour rendre ''trente pièces d'argent'' (cf. Mt 26, 15 ; 27, 3. 5. 6. 9). Dans ces deux hypothèses le pluriel s'expliquerait comme un phénomène de traduction. Cf. Pour M.-J. LAGRANGE, *Évangile selon saint Matthieu*, c.

[1] Cf. BDAG, 349.

[2] Cf. O.-T. VENARD (ed.), *La Passion selon saint Matthieu. Matthieu 26 – 28*, (BEST), 284.

[3] Cf. *m. B. Qam.* 7, 2 ; *b. Sukka* 30a.

[4] Cf. *b. B. Bat.* 88a.

[5] Cf. O.-T. VENARD (ed.), *La Passion selon saint Matthieu. Matthieu 26 – 28*, (BEST), 283.

ils affirment que le sang de Jésus a été acheté par l'argent impropre à l'offrande du Temple.

(27, 8) διὸ ἐκλήθη ὁ ἀγρὸς ἐκεῖνος ἀγρὸς αἵματος ἕως τῆς σήμερον.

C'est dans ce verset que Mt substitue la vie de Jésus au prix de son sang. Le sang de Jésus a ici une valeur symbolique. Il symbolise sa vie. Le prix de trente pièces d'argent qui en est la valeur est comparée à la vie d'un esclave (cf. Ex 21, 32). Mt applique typologiquement, dans les versets suivants cette phrase, la prophétie de Za 11, 12-13 à Jésus : la vie du berger d'Israël est estimée au prix dérisoire que l'on donnait en échange à la vie d'un esclave. À vrai dire, la citation d'accomplissement en Mt 27, 9-10 qui corrobore l'agir des grands prêtres dans l'achat d'un champ est composite. Elle est une tournure qui met au centre la fonction du sang de Jésus comme thèse principale de la Passion. Ainsi la valeur ou le prix du sang innocent se résume dans le salut qu'il peut offrir.

De nombreuses études ont relevé le caractère étrange ou ambigu de cette citation composite qui justifie l'acquisition du ''champ du sang''. Alberto Mello évoque un montage construit sur un ensemble d'associations scripturaires[1] : Mt annonce une citation de Jérémie mais commence par la prophétie de Zacharie. Ce phénomène n'est pas nouveau chez Mt. À propos de Jean-Baptiste, Mt 11, 10 rapporte une citation d'accomplissement sur Elie dont les éléments semblent provenir d'Ex 23, 20 alors que le corps de la citation est de Ml 3, 1[2]. C'est justement cet

---

[1] Cf. A. MELLO, *Évangile selon Saint Matthieu. Commentaire midrashique et narratif*, (LD 179), 469.

[2] Le même phénomène sur la même citation d'accomplissement s'observe, dans la triple tradition, aussi en Mc 1, 2. Mc annonce la citation d'Isaïe mais il commence avec Ml 3, 1 qu'il combine avec Ex

amalgame scripturaire – indice d'un sémitisme de composition[1] – qui permet à Mt d'atteindre son but. La citation de Za 11, 12-13 correspond à l'agir de Judas[2] et à celui des grands prêtres[3].

Pour rendre prophétique l'acte de Judas et celui des grands prêtres, Mt, selon le procédé du *Pešer*, table sur les vocables ‘‘champ’’, ‘‘potier’’ et ‘‘sang innocent’’. Trois mots-crochets qui mettent en relation le récit de la mort de Judas aux textes de Za 11, 12-13 : ‘‘potier’’ et de Jr 18, 1-17 : ‘‘potier’’ ; Jr 19, 1-13 : ‘‘potier’’ et ‘‘sang innocent’’ ; Jr 32, 6-27 : ‘‘champ’’. C'est suite, probablement, à l'écriture défectueuse du TM[4] qui permet à Mt de relier Zacharie à l'ensemble de textes de Jérémie que la construction de ἀγρὸς αἵματος ‘‘champ du sang’’ est possible. Selon Mello – qui considère Mt 27, 25 comme une interprétation *post factum* de la destruction de la Ville sainte une génération après la crucifixion de Jésus – cette association d'idées qui permet à Mt d'attribuer à Jérémie une citation qui, pour l'essentiel, provient de Zacharie n'est pas une pure confusion de la part de l'évangéliste comme certains Mss syriaques l'ont entendu en remplaçant Jérémie par Zacharie ou comme deux minuscules qui citent Isaïe tandis que d'autres Mss omettent carrément le nom du prophète[5]. Pour Mello, il

---

23, 20 pour finir avec Is 40, 3. Lc a repris, quant à lui, la structure de Mc en citant Ml et Is en même temps. Pour dire qu'au temps de la rédaction des évangiles les citations composites étaient tolérées.

[1] Cf. J. CARMIGNAC, *La naissance des Évangiles synoptiques*, 36.

[2] וָאֶקְחָה֙ שְׁלֹשִׁים הַכֶּסֶף וָאַשְׁלִיךְ אֹתוֹ בֵּית יְהוָה אֶל־הַיּוֹצֵר׃ (Za 11, 13b) // καὶ ῥίψας τὰ ἀργύρια εἰς τὸν ναὸν = וזרק המעות במקדש (Mt 27, 5a).

[3] Cf. Jr 19. 1-2. 4c. 11b : כֹּה אָמַר יְהוָה הָלוֹךְ וְקָנִיתָ בַקְבֻּק יוֹצֵר חָרֶשׂ וּמִזִּקְנֵי הָעָם וּמִזִּקְנֵי הַכֹּהֲנִים׃ וְיָצָאתָ אֶל־גֵּיא בֶן־הִנֹּם אֲשֶׁר פֶּתַח שַׁעַר הַחַרְסוּת[הַ][חַרְסִית] וְקָרָאתָ אֵלֶיךָ׃ וּמִלְאוּ אֶת־... שָׁם אֶת־הַדְּבָרִים אֲשֶׁר־אֲדַבֵּר וּבְתֹפֶת יִקְבְּרוּ מֵאֵין מָקוֹם לִקְבּוֹר׃ הַמָּקוֹם הַזֶּה דַּם נְקִיִּם׃

[4] À la place de אוֹצָר ‘‘trésor’’ il contient יוֹצֵר ‘‘potier’’.

[5] Cf. Ζαχαριου 22 sy^{hmg} ¦ Ιησαιου 21 l ¦ - Φ 33 a b $sy^{s.p}$ bo^{ms}.

faut dire que Mt ne cite pas de mémoire un texte dont il ne connaît pas bien la formule. L'on pourrait alors penser à l'influence des *Testimonia*. Néanmoins, Mt avait bien à l'esprit le texte de Jérémie. Celui-ci n'est pas un prophète quelconque, c'est le prophète de la destruction de Jérusalem[1].

Cependant, pour Frédéric Manns, le rapprochement du texte de Za 11, 12-13 à Jr 19 et 32 n'a été possible pour Mt qu'en raison du principe herméneutique juif de la גזרה שווה. En effet, pour la tradition juive, citer un texte c'est évoquer en même temps son contexte. Cela se fait au moyen des mots-crochets. Pour le cas échéant ce mot est "Juda". Le récit de la fin de Judas rappelle le contexte de Za 11, 3 et Jr 19, 4. Ces deux textes sont réunis parce qu'ils contiennent la même allusion aux récits qui évoquent les "rois de Juda" et la "maison de Juda". Par analogie aussi, le terme כֶּסֶף en Za 11, 13 permet une lecture contextuelle avec les vocables שֶׁקֶל ou כֶּסֶף de Jr 32, 9[2].

Disons que l'acquisition, avec une somme litigieuse, du champ que l'on nomme ἀγρὸς αἵματος qui sert de sépulcre aux étrangers est une précision rédactionnelle importante de Mt qui est confirmée par la tradition juive ultérieure[3]. En effet, « les biens d'origine problématique sont souvent utilisé pour satisfaire des besoins collectifs »[4]. Toute chose étant égale par ailleurs, la BEST[5] suppose que le nom de ἀγρὸς αἵματος ou חֲקֵל דְּמָא en araméen proviendrait des

---

[1] Cf. A. MELLO, *Évangile selon Saint Matthieu. Commentaire midrashique et narratif*, (LD 179), 469-470, 477.

[2] Cf. F. MANNS, *Une approche juive du Nouveau Testament*, (InB), 108.

[3] Cf. *b. Qidd.* 59a ; *b. Beṣa* 29a.

[4] O.-T. VENARD (ed.), *La Passion selon saint Matthieu. Matthieu 26 – 28*, (BEST), 284.

[5] Cf. O.-T. VENARD (ed.), *La Passion selon saint Matthieu. Matthieu 26 – 28*, (BEST), 283.

disciples qui ont pu le remotiver en élaborant le récit des derniers moments de Judas du fait que le sang des sacrifices du Temple aurait été conduit par un canal partant de l'angle sud-ouest de l'autel jusqu'à חֲקֵל דְּמָא [1]. Une chose est que c'est le ''prix du sang'' qui a acheté le ''champ du potier''. D'où, si nous comprenons le sens du sang dans la Passion selon Mt comme la valeur de la vie d'un innocent qui plaide pour le salut d'une multitude, son prix sera en réalité le prix de la rédemption. La proposition consécutive introduite par διό marque la conséquence de l'action exprimée dans la principale. C'est ainsi que le sang de l'innocent que l'on verse impactera même la terre (cf. Jr 26, 14-15). Seulement, selon le point de vue de Mt, le sang de Jésus ne pèsera pas sur la ville mais rachètera plutôt la terre, la ville ainsi que ses habitants. Ce salut est même offert ''jusqu'en ce jour''[2], à en croire le texte de Mt, aux morts étrangers restés sans sépultures puisqu'ils sont accueillis, même après leur mort, à la terre des élus. Une façon pour les Juifs de remplir la מצוה ? : « Tu ne molesteras pas l'étrangers ni ne l'opprimeras, car vous-mêmes avez été étranger dans le pays d'Égypte » (Ex 22, 20 ; cf. Dt 10, 19).

(27, 19) Καθημένου δὲ αὐτοῦ ἐπὶ τοῦ βήματος ἀπέστειλεν πρὸς αὐτὸν ἡ γυνὴ αὐτοῦ λέγουσα· μηδὲν σοὶ καὶ τῷ δικαίῳ ἐκείνῳ· πολλὰ γὰρ ἔπαθον σήμερον κατ' ὄναρ δι' αὐτόν.

---

[1] Voir pour ce detail *m. Me'il.* 3, 3 ; *m. Mid.* 3, 2 ; *m. Yoma* 5, 6 ; *11QT^a* 32, 12-15.

[2] Sur le syntagme ἕως τῆς σήμερον, P. JOÜON, *L'Évangile de Notre-Seigneur Jésus-Christ. Traduction et commentaire du texte original grec, compte tenu du substrat sémitique*, (VS V), 172 parle d'un hébraïsme fréquent (cf. Gn 22, 14 ; Mt 28, 15).

Plusieurs recherches sur la Passion ont noté que le procès romain selon Mt se joue sur deux tableaux : celui de l'intériorité où Jésus étant en face de Pilate éveille sa conscience. Et l'instance de l'extériorité à laquelle Jésus refuse de s'inscrire par son silence éloquent[1]. Vu de cette façon, l'insertion matthéenne du rêve de la femme de Pilate peut être considérée sur le plan intérieur de la conscience de Pilate comme une voix pouvant illuminer sa décision. La femme de Pilate intervient en sujet passif. D'ailleurs, le verbe ἀποστέλλω utilisé pour signifier l'action qu'elle accomplit souligne bien une procuration : ἀποστέλλω (שלח) fait allusion au rôle des Prophètes en tant qu'envoyés de Dieu. Autant dire que la femme de Pilate est présentée en Mt dans un rôle prophétique. Puisqu'elle a par avance vu en songe le sort du sang d'un innocent et ayant communié à ses souffrances[2], elle intervient pour persuader Pilate contre une mauvaise décision qui coûtera la vie de ce juste. Le verbe πάσχω (Mt 16, 21 ; 17, 12 ; 17, 15) avec l'adjectif πολύς que l'on retrouve dans ses paroles n'apparaissent qu'ici et dans la première prédiction de la Passion de Jésus en Mt 16, 21.

Loin de voir en Mt 27, 19 une preuve d'un certain antijudaïsme matthéen opposant l'attitude des dirigeants juifs qui veulent la mort de Jésus à celle des païens – ici représentés par la femme de Pilate – qui négocient l'acquittement de Jésus, nous observons que le procédé littéraire qui consiste à présenter un non-Juif comme porteur d'une révélation de la part du Seigneur est récurrent en Mt. À maintes reprises dans le premier évangile, Dieu révèle aux païens et à certains fils d'Israël marginalisés ce que de nombreux dignitaires juifs ainsi

---

[1] Cf. O.-T. VENARD (ed.), *La Passion selon saint Matthieu. Matthieu 26 – 28*, (BEST), 287.

[2] Cf. R. E. BROWN, *La mort du Messie. Encyclopédie de la Passion du Christ*, 896.

que des foules ont du mal à percevoir. Cette révélation est toujours donnée au moyen d'un songe (κατ' ὄναρ). Ainsi par exemple, en Mt 1, 20 ; 2, 12. 13. 19. 22, l'ange du Seigneur intervient en songe auprès de Joseph et des mages pour permettre la continuité du plan de salut que Dieu accomplit en Jésus-Christ. Tout ceci signifie pour Mt que c'est YHWH qui conduit l'histoire et non les hommes. C'est par ce même mécanisme littéraire que les grands moments de la 1ère partie de l'évangile de Mt sont compris comme des "analepses internes"[1] aux récits proleptiques de la Passion en Mt. Dans le schéma actanciel sur le destin de Jésus, Mt présente la femme de Pilate comme une adjuvante – non pas le diable comme l'ont soutenu Rabban Maur, Bernard de Clairvaux, Martin Luther et le *Heliand* au sujet de Mt 27, 19[2] – alors que les grands prêtres et les anciens du peuple s'érigent en antagonistes contre Pilate.

L'idée selon laquelle l'intervention de la femme de Pilate est une pure fiction matthéenne ou une légende à caractère apologétique chargée de dégager les Romains de toute responsabilité dans la mort de Jésus est révolue. Des études ont démontré, à partir des textes hellénistiques et juifs contemporains des évangiles, qu'il était possible après Auguste que les gouverneurs romains amènent leurs

---

[1] Cf. J. MILER, *Les citations d'accomplissement dans l'évangile de Matthieu. Quand Dieu se rend présent en toute humanité*, (AnBib 140), 24-25 n. 43 reprend les définitions données par G. GENETTE, *Figures III*, 77-121 : l'*analepse* est la référence à des événements antérieurs à l'instant où en est le récit. La *prolepse* est une anticipation ; elle fait référence à des événements postérieurs à l'instants où en est le récit. Une prolepse ou une analepse est qualifiée d'*externe* quand elle déborde le temps de l'histoire, d'*interne* dans le cas contraire et de *mixte* quand elle est interne et externe. Voir aussi J.-N. ALETTI et al., *Vocabulaire raisonné de l'exégèse biblique. Les mots, les approches, les auteurs*, 78.

[2] Cf. E. FASCHER, « Das Weib Des Pilatus (Matthäus 27, 19) », *HaM* 20, 5-19.

épouses avec eux à leur poste de mission[1]. C'est seulement dans ce contexte qu'une possible intervention d'une femme en tant que conseillère de l'autorité administrative et judiciaire romaine pouvait être envisageable[2] même quand ses conseils étaient d'inspiration onirique[3]. Il ressort donc que la conception d'une intervention féminine à la cour romaine est pré-matthéenne bien que dans le cas de la Passion son écriture soit de Mt[4]. Ensuite, comme nous l'avons évoqué auparavant à propos de la typologie de Judas, nous observons que le motif de l'intervention féminine dans une affaire juridique tel que présenté en Mt 27, 19 apparaît aussi dans le *Test. Jos.* 13, 9 – 14[5].

Par ailleurs, la construction idiomatique μηδὲν σοὶ καὶ τῷ δικαίῳ ἐκείνῳ est l'exemple de la transcription grecque d'une formule d'expression sémitique qui équivaudrait à : מַה־לִּי וָלָךְ (cf. Jg 11, 12 ; 2S 16, 10 ; 19, 23 ; 1R 17, 18 ; 2R

---

[1] Cf. TACITE, *Ann.* I, 40 ; II, 54-55 ; III, 33-34 ; SUETONE, *Aug.* XXIV, 1.

[2] Cf. F. JOSEPHE, *B. J.*, II, 314, 560 ; *A. J.* XII, 204 ; XX, 135, 195 ; *Vita* 16 ; 343. 355.

[3] Cf. F. JOSEPHE, *A. J.* XVII, 345-353 ; VALERIUS MAXIMUS, *Facta et dicta memorabilia*, I, 7, 2 ; PLUTARQUE, *Caes.* LXIII, 9-10 ; APPIEN, *Bell. civ.* II, 115.

[4] Cf. J. D. M. DERRETT, « Midrash, Haggadah, and the Character of the Community », *SNT* III, 185.

[5] Ce texte met en scène la femme de Memphis qui intervient pour plaider la cause de Joseph. Cf. J. D. M. DERRETT, « Midrash, Haggadah, and the Character of the Community », *SNT* III, 190. Toutefois, R. E. BROWN, *La mort du Messie. Encyclopédie de la Passion du Christ*, 894 n. 35 allègue que la datation de la tradition de *Test. Jos.* 13, 9 – 14, 1 est incertaine, et l'objectif de la femme de Memphis était de pécher avec Joseph (14, 4). BROWN mentionne que AUS (« Release », 21) qui adopte une approche semblable à DERRETT, en dépit du fait qu'en Est 5, 14 la femme d'Aman voulait faire pendre Mardochée, en appelle à une tradition juive beaucoup plus tardive pour lui faire dire à son mari de ne pas faire de mal à ce « juste ». Selon BROWN, c'est cette tradition qui aurait donné naissance à l'histoire de la femme de Pilate.

3, 13 ; 2Chr 35, 21 ; Os 14, 9 ; Mt 8, 29. Voir aussi Jn 2, 4). Il s'agit d'une locution de ‘‘mise à distance'' ou de ‘‘rupture de rapport''. En d'autres termes, devant Jésus le Christ et Jésus Barabbas, le message de la femme de Pilate est clair : la femme de Pilate demande au gouverneur de prendre ses distances avec ce procès et de ne pas se mêler de l'affaire de ce ‘‘Juste'' (τῷ δικαίῳ ἐκείνῳ). L'emploi d'un adjectif substantivé par l'article rappelle le sens individuel, le sens spécial et par excellence que comprend cet adjectif[1]. En Mt 27, 19 cet emploi est doublé d'un pronom démonstratif ἐκεῖνος qui renforce le caractère emphatique de l'adjectif δίκαιος. Il est bien question de Jésus ‘‘le Juste'' qui, à cette heure-là même, se tient debout devant Pilate (cf. 27, 11)[2]. Nous constatons que le procédé littéraire de Mt construit un enveloppement des attributs messianiques qui sont séparés par des versets à distance quasi égale mettant au centre le terme δίκαιος :

27, 11	27, 17	27, 19	27, 22	27, 29
βασιλεύς	χριστός	**δίκαιος**	χριστός	βασιλεύς

Cela produit en filigrane une sorte de prophétie, naturellement ignorée des protagonistes eux-mêmes au second degré du récit, mais que le narrateur de Mt a voulue livrer à son lecteur au premier degré du récit. Pour Mt, c'est en tant que *Juste* qu'il y a un *Messie*, un Messie mis en balance avec un bandit, et ce Messie introduit une *royauté* effective, contraire à la volonté de puissance

---

[1] Cf. BDR, 263[1].

[2] Pour W. D. DAVIES – D. C. ALLISON, *A Critical and Exegetical Commentary on The Gospel According to Saint Matthew*, III, (ICC), 586, le génitif absolu en Mt 27, 19 est typique. Que Pilate siège en tant que juge est ironique : Jésus, celui qui se tient maintenant debout, est le titulaire légitime du siège du jugement. Cf. l'utilisation eschatologique de βῆμα en Mt 25, 31.

royale[1]. C'est au sujet de ce Messie que souffre la femme du gouverneur. Sa souffrance (πάσχω[2]) pourrait être assimilée à celle des croyants en Jésus (cf. 1Co 12, 26 ; Ga 3, 4 ; Ph 1, 29 ; 1Th 2, 14 ; 2Th 1, 5 ; 2Tm 1, 12 ; 1P 3, 17 ; Ap 2, 10).

(27, 24) Ἰδὼν δὲ ὁ Πιλᾶτος ὅτι οὐδὲν ὠφελεῖ ἀλλὰ μᾶλλον θόρυβος γίνεται, λαβὼν ὕδωρ ἀπενίψατο τὰς χεῖρας ἀπέναντι τοῦ ὄχλου λέγων· ἀθῷός εἰμι ἀπὸ τοῦ αἵματος τούτου· ὑμεῖς ὄψεσθε.

Ce verset, dont l'historicité est âprement débattue, constitue le début de la troisième interpolation matthéenne au récit de la Passion dans la triple tradition. À en croire Raymond Brown, cette interpolation est de même origine et formation avec les épisodes de Judas en 27, 3-10 et de la femme de Pilate en 27, 19[3]. Elles se fondent sur un petit noyau historique d'une tradition populaire méditant le thème du sang innocent de Jésus et les responsabilités qu'il implique[4]. Comprendre que Mt met en scène sa propre théologie de la Passion est très important pour l'exégèse de ce verset[5], avertit Brown. Pour certains savants, ce verset prouve assez que l'intention théologique de Mt est de souligner à gros trait la culpabilité des Juifs[6] en dédouanant Pilate de toute responsabilité parce que

---

[1] Cf. J. CAZEAUX, *L'évangile selon Matthieu. Jérusalem entre Bethléem et la Galilée*, 503.

[2] Notons ici le rapprochement lexical entre la souffrance de la femme du gouverneur au sujet de Jésus (πάσχω) et sa Pâque (πάσχα).

[3] Cf. tableau à la page 80.

[4] Cf. R. E. BROWN, *La mort du Messie. Encyclopédie de la Passion du Christ*, 923-924.

[5] Cf. R. E. BROWN, *La mort du Messie. Encyclopédie de la Passion du Christ*, 923.

[6] Cf. W. TRILLING, *Il vero Israele*, orig. en allemand, *Das wahre Israel* (EThSt 7), 93.

σταυρωθῇ[1] de 27, 26 est au passif. Pour ceux-ci, Mt atteint cet objectif à travers ce verbe qui note la responsabilité juive dans la mort de Jésus[2]. À notre avis, en revanche, cette scène souligne de toute évidence la fonction théologique du sang innocent de Jésus. Le geste et la déclaration de Pilate qui préparent la clameur du peuple permettent justement à Mt de revenir à nouveau, 16 versets après, à son leitmotiv de la Passion qui est le thème du sang innocent.

Mt 27, 24 contraste avec Mt 26, 5. Paradoxalement, le tumulte que les grands prêtres et les anciens tenaient à éviter dans le peuple (μὴ θόρυβος γένηται ἐν τῷ λαῷ) en mettant la main sur Jésus en dehors de la période festive (ἑορτῇ) y gagnerait du terrain (μᾶλλον θόρυβος γίνεται) et deviendrait grandissant à cause, curieusement, des subterfuges de Pilate censé, par sa présence à

[1] Les variantes des Codex D Θ it font une lecture apologétique qui disculpe Pilate en précisant par σταυρώσωσιν αὐτὸν que la crucifixion est l'œuvre des Juifs. Toutefois, Pilate n'est pas blanchi pour autant : σταυρωθῇ de 27, 26 est la subordonnée du deuxième degré d'une proposition principale qui a Pilate pour sujet sous-entendu. Bien que l'action de crucifier soit au passif pour signifier factuellement l'action des soldats romains qui exécuteront l'ordre du gouverneur ou bien la demande des Juifs qui ont réclamé cette peine, elle peut aussi avoir une connotation théologique pour Mt signifiant la souveraine volonté de Dieu qui livre son propre Fils pour le salut de l'humanité. Dans tous les cas, la responsabilité de Pilate n'est pas à nier. Il est l'agent causal de la crucifixion parce que c'est de lui que revient le *ius gladii*. ὑμεῖς ὄψεσθε ne le dédouane pas du sort de l'inculpé. Cet idiome le rapproche plutôt de σὺ ὄψῃ de l'épisode de Judas où, paradoxalement, les grands prêtres qui ont tenté échapper au transfert de la responsabilité du sang innocent se trouveront responsables à cause de la sentence qu'ils prononceront contre Jésus après lui avoir appelé des faux témoins (cf. Mt 26, 59-66). Le débarras de Pilate est ironique puisque c'est au moment où le lecteur attend que le gouverneur conclue son instruction par cette finale de 27, 24, Pilate continuera à instruire en 27, 26.

[2] Cf. D. A. HAGNER, *Matthew 14 – 28*, II, (ICC 33A-33B), 826.

Jérusalem, assurer l'ordre dans la ville pendant les fêtes (ἑορτή : Mt 27, 15)[1]. Ce tumulte pourrait venir du sein même de la foule agitée[2] et manipulée qui n'appréciait pas l'instruction de Pilate et estimait que le gouverneur avait des velléités de relâcher Jésus (cf. 27, 18. 21-23). À cause du glissement lexical de ὄχλος (27, 15. 20. 24) à λαός (27, 25), une autre interprétation peut être suggestive : nous pensons que pour Mt, le tumulte pourrait aussi venir de la dissension entre ὄχλος et λαός : l'un de ces deux personnages est pour la condamnation et l'autre pour la libération de Jésus.

Il est fort possible que c'est au moyen de cette ironie du sort – qui fonctionne sur la base des vocables θόρυβος et ἑορτή employés en 26, 5 et en 27, 15. 24 – que Mt distingue nettement l'agir du peuple "λαός" – qui considère Jésus comme son Messie et dont ses grands prêtres et ses représentants se méfient (cf. 26, 5 ; 27, 64) – de l'agir de la foule "ὄχλος", une entité indéfinie que les grands prêtres et les anciens du peuple pouvaient instiguer et persuader facilement (cf. 26, 55 ; 27, 20). En conséquence, le cri de "toute"[3] la foule : "σταυρωθήτω" (27, 22-23) et la clameur de "tout" le peuple : "τὸ αἷμα αὐτοῦ ἐφ' ἡμᾶς καὶ ἐπὶ τὰ τέκνα ἡμῶν" (27, 25) sont vus sur deux plans différents. L'un réclame la condamnation tandis que l'autre appelle la rédemption. Dans un article publié en 1969, Hyam Maccoby suggérait que, dans le récit original pré-marcien, la foule rassemblée à Jérusalem a soutenu Jésus, en opposition aux "grands prêtres", dans le prolongement naturel de son attitude antérieure. La

---

[1] Voir F. JOSEPHE, *B. J.*, II, 223-227 ; *A. J.* XX, 105-112.

[2] Cf. BDAG, 458. Entendu que le sujet de la subordonnée οὐδὲν ὠφελεῖ ἀλλὰ μᾶλλον θόρυβος γίνεται est impersonnel et implicite.

[3] Au niveau de la rhétorique de Mt nous observons l'anaphore qu'il crée par l'emploi hyperbolique de πάντες en 27, 22 et de πᾶς en 27, 25 qui forment un parallélisme antithétique entre ὄχλος et λαός.

foule devant le palais du procurateur a crié pour obtenir la libération de Jésus. Toutefois, pour cet auteur juif, Jésus de Nazareth et Jésus Barabbas sont en réalité le même homme[1]. Très récemment, Giulio Michelini se référant à *l'évangile apocryphe de Nicodème*[2] formule presque la même hypothèse. Selon lui, au moment où le premier évangile est écrit, il est probable qu'il n'y a pas encore de clivage clair entre la communauté matthéenne et la synagogue, et donc la communauté de Mt a dû se sentir partie prenante de ce πᾶς ὁ λαός qui se tient devant le tribunal de Pilate. Cette communauté ne veut évidemment pas la mort du Messie, contrairement aux grands prêtres et anciens du peuple qui la provoquent, mais elle est obligée de la subir[3].

C'est dans cette optique qu'il convient de lire le geste de Pilate – se laver les mains (v. 24) – en lien avec la mention de λαός du v. 25. En effet, en 27, 24 Mt construit sous le coup de l'ironie une « séquence d'actions »[4] si l'on

---

[1] Cf. H. MACCOBY, « Jesus and Barabbas », *NTS* 16, 56. MACCOBY asseoit son hypothèse non pas sur le nom commun de Ἰησοῦς mais sur la signification du patronyme Βαραββᾶς : בר אבא ''fils du père''/''fils d'Ab(raham)'', ou en syriaque ܒܪ-ܐܒܐ ''fils du père'', ou bien בר/ן רבא ''fils du maître'' [voir G. GEIGER, *Introduzione all'aramaico biblico*, (ASBF 85), 81]. Cependant, on perçoit difficilement dans le texte de MACCOBY, la différence qu'il établit entre ''foule'' et ''peuple'' comme nous essayons de le faire ici. Pour MACCOBY, ces deux personnages ne constituent qu'un seul dans l'évangile de Mt. Ce qui, manifestement, suppose une ambiguïté dans leur différente posture. Si c'est cette foule/peuple présente au palais du procurateur qui demande la libération de Jésus de Nazareth/Jésus Barabbas (cf. Mt 27, 21//Mc 15, 11), quel serait alors le sujet du cri en Mt 27, 22//Mc 15, 13-14 demandant la crucifixion de Jésus ?

[2] Cf. *EvNic.* 4, 4-5.

[3] Cf. G. MICHELINI, *Il sangue dell'alleanza e la salvezza dei peccatori. Una nuova lettura di Mt 26 – 27*, (AnGr 306), 378-379. Voir aussi U. LUZ, *Matthew 21 – 28*, 501.

[4] En rhétorique, la ''séquence d'actions'' est une forme de répétition qui s'appuie sur des séries d'actions (deux, trois, quatre, et ainsi de

admet que le geste de Pilate reprend un rituel juif de déprécation dont le but était d'absoudre le peuple d'Israël de la culpabilité du sang innocent (cf. Dt 21, 8)[1]. Dans ce cas, selon le texte de Mt, Pilate aurait accompli ce rituel pour lui-même. On s'attendait à ce que Mt emploie le verbe νίπτω à l'aoriste de l'indicatif qui renverrait à νίψονται de Lxx Dt 21, 6, mais il lui adjoint le préverbe ἀπό et le conjugue à l'aoriste de l'indicatif moyen (ἀπενίψατο) pour dire que Pilate accomplit l'acte pour son propre compte[2]. C'est suite à son geste que "tout le peuple", vu ici en opposition à la foule, appelle sur lui le sang rédempteur de la victime innocente en vertu de l'absolution de Dt 21, 7-8.

On peut facilement objecter que le gouverneur romain n'ait jamais eu connaissance du rite typiquement juif[3] du lavement des mains qui exempte du sang d'une victime – défini dans Dt 21, 1-9, attesté aussi en Jb 9, 30 ; Ps 26, 6 ; 73, 13 ; Is 1, 15-16 – si bien que ses rapports avec la culture de ses administrés juifs semblaient compliqués. Cependant, des rites de lavement des mains en signe de purification protectrice sont aussi rapportés dans la littérature gréco-romaine[4]. Dans le cadre juif, précisément dans le contexte immédiat de la Passion, nous pouvons dire à la suite de la BEST que puisque l'aristocratie

suite) afin de créer un effet d'emphase. Cf. J. L. RESSEGUIE, *L'exégèse narrative du Nouveau Testament*, (LR 36), 55. La répétition, quant à elle, est l'un des procédés stylistiques qui consiste à reprendre des mots, des expressions, des thèmes, des modèles, des situations et des actions. Lorsqu'elle est utilisée intentionnellement, elle "ajoute force et clarté à une affirmation", à un motif. Cf. J. L. RESSEGUIE, *L'exégèse narrative du Nouveau Testament*, (LR 36), 46.

[1] Cf. W. T. WILSON, *The Gospel of Matthew*, II, (ECC), 396.

[2] Cf. BDAG, 118.

[3] Voir *11QT[a]* 63, 1-9 ; *m. Soṭa* 9, 6 ; *Let. Aris.* 306.

[4] Cf. HOMERE, *Il.* VI, 266-268 ; HERODOTE, *Hist.* I, 35 ; SOPHOCLE, *Aj.* 654-655 ; VIRGILE, *Aen.* II, 719.

sacerdotale était le principal interlocuteur politique du gouverneur romain, il n'est donc pas exclu de soutenir que Pilate se serait familiarisé avec la culture juive et aurait pris connaissance de ce rite en fréquentant les grands prêtres. Le reproduire alors devant ceux-ci pour témoigner de sa conviction en l'innocence aurait donc tout son sens. Seulement, selon Dt 21, 1-9, le lavement des mains intervient après la mort de la victime, et non pas avant comme le fait Pilate[1]. Pouvons-nous dire que Pilate avait une vague connaissance de ce rite sans connaître son déroulement précis ? Il faut dire que pour ceux qui lisent Mt 27, 24-25 avec des lunettes du rituel de *Yom Kippour* tel que décrit dans le *Rouleau du Temple*[2], le lavement des mains du grand prêtre précédait le transfert de péchés du peuple au bouc émissaire[3]. Mais dans le cas où, à propos du même geste de lavement des mains, Mt se réfèrerait au texte de Dt 21 est-il possible d'affirmer que cette inversion de procédure du rituel de Dt 21, 1-9 chez Mt est intentionnelle ?

Cette seconde possibilité nous paraît admissible. Nous avons déjà dit que l'acte de Pilate que Mt construit dans une séquence d'actions avait pour objectif de créer une emphase en vue de rebondir sur le thème du sang innocent. D'une part, la déclaration de Pilate aurait suffi pour attester son innocence – En passant, ἀθῷός εἰμι ἀπὸ τοῦ αἵματος τούτου[4] est un *reversiones* de l'aveu de Judas

---

[1] Cf. https://www.bibletraditions.org/ consulté jeudi 23 mars 2023 à 10h45'.

[2] Un texte daté approximativement de la fin du IIe s. av. J.C.

[3] Cf. *11QT*^{a} 26, 10-13.

[4] Cette forme de métaphore (αἵματος τούτου : de ‘‘ce’’ sang), employée par Pilate pour dire qu'il est innocent de la ‘‘vie de Jésus’’ en remplacement du nom de Jésus ou d'un autre qualificatif, est préférable aux variantes explicatives : του δικαιου τουτου א K L W Γ *f*$^{1.13}$ 33. 565. 579. 700. 892. 1241. 1424 𝔐 lat sy$^{p.h}$ sa^{mss} mae bo ¦ τουτου του δικαιου A Δ aur f h. En revanche, M. PHILONENKO dans

en 27, 4. Cette déclaration rappelle à juste titre le contexte de Dn 13, 46 : une condamnation injuste à laquelle un innocent ne veut pas y prendre part[1]. Voir aussi 2S 3, 28-29. D'autre part, le rite de lavement des mains, à lui seul,

---

son article « Le sang du Juste (1Hénoch 47, 1. 4 ; Matthieu 27, 24) », *RHPhR* 73, 398-399 préfère τοῦ δικαίου, la lecture du *Sinaiticus*, parce que selon lui, elle est préparée par la déclaration de la femme de Pilate en 27, 19, mais aussi parce qu'elle correspond mieux, à travers l'insertion du démonstratif τούτου, à la formule de *1Hénoch* 47, 1. 4. Il en conclut que le récit de la Passion de Jésus selon Mt a repris et adapté un trait caractéristique du martyre du ''Juste'' selon les ''Paraboles'' du *Livre d'Hénoch*. En fait, notre choix de τούτου se justifie non seulement parce que τούτου constitue une *lectio brevior*, mais surtout parce que son emploi en tant qu'adjectif démonstratif sert à créer l'emphase sur la personne de Jésus [cf. L. CIGNELLI – R. PIERRI, *Sintassi di Greco biblico (LXX e NT). Quaderno 1. A Le concordanze*, (ASBF 61), § 28, 3b]. Selon BDR, 740-741 : le pronom démonstratif οὗτος, αὕτη, τοῦτο est utilisé comme adjectif et substantif. Comme substantif, il indique la personne ou la chose comparativement proche dans la matière du discours : ''celle-ci'', ''celui-ci'' (contrairement à ἐκεῖνος qui se réfère à quelque chose de comparativement plus éloigné). Il réfère aussi à quelque chose ici et maintenant, dirigeant l'attention sur elle ou à quelqu'un qui est présent (cf. *Test. Job* 30, 2 ; Mt 3, 17 ; 17, 5 ou quelque chose de proche : Mt 26, 26. 28). Il renvoie aussi à quelqu'un qui a immédiatement précédé : ''celui-ci'' (qui vient d'être mentionné). Au début d'un récit, il concerne une personne déjà mentionnée (cf. Mt 3, 3) en insistant sur elle (cf. Mt 21, 11). Il peut aussi renvoyer à un sujet plus éloigné dans le paragraphe, mais plus proche du référent principal dont il est question. Dans ce cas, il reprend un sujet déjà mentionné, avec un accent particulier.

[1] Cf. R. E. BROWN, *La mort du Messie. Encyclopédie de la Passion du Christ*, 926 n. 25 indique que VAN TILBORG dans *Jewish Leaders in Matthew*, 91 mentionne d'autres parallèles entre le scenario de Pilate et l'histoire de Suzanne : la condamnation du péché du ''porteur d'injustes jugements, qui condamnait 'κατακρίνω' les innocents et acquittait les coupables, alors que le Seigneur dit : ''Tu ne feras pas mourir l'innocent et le juste 'δίκαιος''' (Dn 13, 53). Cependant, ''ce jour-là fut préservé un sang innocent'' (Dn 13, 62) constitue un contraste entre le sort de Suzanne et celui de Jésus.

aurait tout dit. Mais si Mt préfère agencer les deux actions dans cet ordre-là, c'est pour rebondir sur le thème du sang innocent et créer un suspens : marquer l'attention de son lecteur implicite qui attendrait que Pilate pose ce geste en faveur du peuple (cf. Dt 21, 1-9) auquel le lecteur de Mt se reconnaîtrait sûrement. C'est ainsi qu'en 27, 25 "tout le peuple" intervient pour reprendre une formule déprécative que Pilate emploie abusivement pour lui-même. Ce qui nous amène à dire – à l'encontre de l'*opinio communis* – qu'aucun des personnages de notre péricope de la Passion selon Mt 27, 1-26 n'a pu se soustraire de sa responsabilité dans la mort de Jésus, à l'exception de ce "peuple" (πᾶς ὁ λαός). Judas reconnaît sa culpabilité mais se ferme au pardon, les grands prêtres s'obstinent dans leur péché en y entraînant toute la foule, la femme de Pilate atteste l'innocence de Jésus mais ne réussit pas à convaincre son époux, Pilate se lave les mains et refuse d'admettre sa faute, la foule réclame la crucifixion de l'innocent.

(27, 25) καὶ ἀποκριθεὶς πᾶς ὁ λαὸς εἶπεν· τὸ αἷμα αὐτοῦ ἐφ' ἡμᾶς καὶ ἐπὶ τὰ τέκνα ἡμῶν.

À présent, analysons brièvement Mt 27, 25 car nous lui consacrerons tout le chapitre suivant de cette recherche. Au premier abord, ce verset ne présente guère de difficultés. Par ailleurs, au sujet de ce qu'il appelle le "verset terrible", Claude Goldsmid Montefiore affirme que c'est l'une de ces phrases qui ont été responsables d'océans de sang humain et d'un fleuve incessant de misères et de désolation pour les Juifs[1]. Par ailleurs, à la suite des conclusions de Rainer Kampling[2], Giulio

[1] Cf. C. G. MONTEFIORE, *The Synoptic Gospels*, II, 346.
[2] Cf. R. KAMPLING, *Das Blut Christi und die Juden. Mt 27, 25 bei den lateinischsprachigen christlichen Autoren bis zu Leo dem Großen*, 229-238.

Michelini allègue que si dans l'histoire de l'interprétation, ce texte a été compris comme une condamnation des Juifs dans leur ensemble, c'est-à-dire de tous les Juifs, véhiculant ainsi un fort antijudaïsme, *la raison ne réside pas dans le texte lui-même*, mais dans l'herméneutique défectueuse qui l'a mal interprété, et dans la compréhension hâtive qui n'est pas caractéristique des premiers temps de l'Église[1]. Raison pour laquelle il nous faut revenir sur son analyse dans le but d'espérer aboutir à une interprétation assez plausible qui puisse rejoindre celle des premiers lecteurs du texte de Mt.

Tout d'abord, relevons les sémitismes qui caractérisent d'un bout à l'autre ce court verset : « Τὸ αἷμα αὐτοῦ ἐφ' ἡμᾶς καὶ ἐπὶ τὰ τέκνα ἡμῶν » est un discours direct ; il est en même temps une phrase elliptique. Il n'est pas interdit d'y fournir un verbe, comme le font des traductions modernes (par exemple : Son sang ''soit''/''retombe''/''advienne''[2] sur nous et sur nos enfants) ; mais cela risquerait de faire lire la phrase de travers, comme une auto-malédiction, une prophétie, ou un vœu assoiffé de sang[3]. Il est probable que cette phrase ne traduise pas une prophétie en soi[4], mais plutôt l'accomplissement d'une prophétie. Dans ce cas, elle

---

[1] Cf. G. MICHELINI, *Il sangue dell'alleanza e la salvezza dei peccatori. Una nuova lettura di Mt 26 – 27*, (AnGr 306), 375.

[2] Cf. L. D. CHRUPCAŁA, *Il vangelo di Matteo : analisi sintattica*, (ASBF 92), 669 ; J. GNILKA, *Il Vangelo di Matteo*, II, (CTNT), 669.

[3] Cf. R. E. BROWN, *La mort du Messie. Encyclopédie de la Passion du Christ*, 928-929.

[4] Cf. F. LOVSKY, « Comment comprendre ''Son sang sur nous et nos enfants'' », *ETR* 62, 356 ; G. BAUM, *Les Juifs et l'Évangile*, (LD 41), 89 parle plutôt d'une allusion à une parole prophétique de Jésus annonçant la chute de la cité sainte. J.-M. LUSTIGER, *La Promesse*, 84 parle d'un signe de pardon et de bénédiction prophétique. W. D. DAVIES – D. C. ALLISON, *A Critical and Exegetical Commentary on The Gospel According to Saint Matthew*, III, (ICC), 591 interprète Mt 27, 25 comme une prophétie ironique en référence à Jn 11, 50.

serait au présent de l'indicatif du verbe être. Jacques Cazeaux suggère une lecture selon laquelle, la foule transmue le futur hypothétique de Pilate (ὑμεῖς ὄψεσθε) à un présent sauvage (Son sang *''est''* sur nous et sur nos enfants)[1]. Sauf que Cazeaux ignore qu'il ne s'agit plus de la ''foule'' cette fois-ci, mais du ''peuple''. Deux termes tout à fait différents tant sur le plan lexical que sémantique. Ces termes ne sont pas non plus des synonymes[2]. Ils représentent deux personnages différents selon le point de vue théologique de Mt qui donne au ''peuple'' un rôle actif dans la Passion de Jésus[3]. Ce que déclare ce ''peuple'' n'est pas un proverbe servant d'''amulette verbale'' exclusivement destiné à l'usage d'un procès criminel au sujet de la responsabilité du coupable sur lequel pèse la sphère du sang que l'on veut détourner de l'innocent (cf. Lv 20, 9-16 ; 2S 1, 16 ; 3, 28-29 ; 1R 2, 37 ; Jr 26, 15 ; Ez 18, 13 ; 33, 4-5)[4]. C'est une ''phrase type'' qui traduit un *''présent éternel''*. En tant

---

[1] Cf. J. CAZEAUX, *L'évangile selon Matthieu. Jérusalem entre Bethléem et la Galilée*, 505. Sur la traduction au présent du verbe être, voir aussi P. JOÜON, *L'Évangile de Notre-Seigneur Jésus-Christ. Traduction et commentaire du texte original grec, compte tenu du substrat sémitique*, (VS V), 175.

[2] Cf. V. MORA, *Le refus d'Israël : Matthieu 27, 25*, (LD 124), 38. Toutefois, MORA fait lui-même de la ''foule'' synonyme du ''peuple'' à la page 135, 154 et 155 du même ouvrage, oubliant les distinctions qu'il avait énoncées ailleurs. La position contraire est soutenue par A. J. SALDARINI, *Matthew's Christian-Jewish Community*, 33 qui considère la ''foule'' et le ''peuple'' comme des termes synonymes. Pour D. L. TURNER, *Matthew*, (BECNT), 655 n. 4 ces termes sont interchangeables.

[3] Cf. H. FRANKEMÖLLE, *Jahwe-Bund und Kirche Christi. Studien zur Form-und Traditionsgeschichte des ''Evangeliums'' nach Matthäus*, (NTAbh 10), 205. Même Lc différencie les ''foule'' (23, 1. 4. 18) du ''peuple'' (23, 5. 14 et 22, 66).

[4] Voir aussi *4QLevi* 16, 2 : « …vous traiterez d'imposteur l'homme qui vient renouveler la loi du Très-Haut, vous le tuerez, recevant son sang innocent sur vos têtes ».

que tel, en grec comme dans d'autres langues surtout sémitiques, des telles phrases admettent l'ellipse de la copule[1] comme traduit la *Vulgate*. Le fait que Mt ajoute καὶ ἐπὶ τὰ τέκνα ἡμῶν (cf. Gn 31, 16 ; Ex 17, 3 ; Nb 35, 33 ; Dt 21, 8 ; 21, 1 ; 1R 2, 32-33) renforce le double-sens[2] du concept ''sang innocent'' qui ''puni'' les uns et ''sauve''[3] les autres (cf. Ex 12, 1-14).

Par ailleurs, la formule qui introduit ce discours direct du ''peuple'' est en elle-même aussi un parfait exemple d'un sémitisme matthéen. Elle est considérée comme une tournure plus ou moins hébraïque. Strictement parlant, le ''peuple'' ne répond pas aux propos que Pilate lui aurait adressés comme on le voit plus haut dans le texte grec au sujet du dialogue entre le gouverneur et la foule (cf. 27, 21-23). Mt 27, 25 serait, contrairement à la position de Joseph Fitzmyer[4], une antithèse de Mt 27, 24. La formule καὶ ἀποκριθεὶς + εἶπεν (Et répondant/Et prenant la parole, il dit) est proche de la traduction syriaque que la *Peshitta* fait : ܘܥܢܐ ܟܠܗ ܥܡܐ ܘܐܡܪܘ ܕܡܗ ܥܠܝܢ ܘܥܠ ܒܢܝܢ. Elle se traduirait en hébreu par וענה + אמר (Et il prit la parole, dit)[5] parce que l'on ne prend pas la parole forcement pour

---

[1] Cf. BDR, 480, 5.

[2] Cf. T. B. CARGAL, « ''His Blood be Upon Us and Upon Our Children'' : A Matthean Double Entendre? », *NTS* 37, 109-111 ; R. H. SMITH, « Matthew 27 : 25 : The Hardest Verse in Matthew's Gospel », *CurTM* 17, 427-428.

[3] Cf. K. H. SCHELKLE, « Die ''Selbstverfluchung'' Israels nach Matthaus 27, 23-25 », W. P. ECKERT et al. (eds.), *Antijudaismus im Neuen Testament?*, 155 ; E. SCHWEIZER, *Das Evangelium nach Matthäus*, (NTD 2), 333 ; A. MARTI, « Heil oder Gericht : Das Blut Christi in zwei Werken von Heinrich Schütz », F. BROUWER – R. A. LEAVER (eds.), *Ars et musica in liturgia : Essays Presented to Casper Honders*, 145-149.

[4] Cf. J. A. FITZMYER, « Anti-Semitism and the Cry of ''All the People'' (Mt 27 : 25) », *TS* 26, 668-669.

[5] Cf. M.-J. LAGRANGE, *Évangile selon saint Matthieu*, lxxxix : « si nous entendons largement le premier verbe au sens de parler, en y

répondre à quelqu'un. On peut la prendre pour émettre un avis, exprimer une idée. Le plus souvent dans le TM et pour une action en justice le verbe ענה au *qal* du parfait signifie une réponse de l'opposition, une déposition, une réplique[1]. Ceci dit, le "peuple" s'oppose à l'attitude de Pilate bien que les propos de ces deux protagonistes soient liés par le terme αἷμα[2]. La déclaration du "peuple" et le lavement de mains de Pilate pourraient être considérées dans la même logique de pensée en lien avec le contexte littéraire de Dt 21, 1-9, mais aussi avec le point de vue de l'ensemble du projet rédactionnel de Mt : « τοῦτο γάρ ἐστιν τὸ αἷμά μου τῆς διαθήκης τὸ περὶ πολλῶν ἐκχυννόμενον εἰς ἄφεσιν ἁμαρτιῶν » (26, 28) ; « αὐτὸς γὰρ σώσει τὸν λαὸν αὐτοῦ ἀπὸ τῶν ἁμαρτιῶν αὐτῶν » (1, 21b). Mt 27, 25 nous semble être la meilleure tournure ironique choisie par le rédacteur pour décrire effectivement comment le peuple pouvait être sauvé de ses péchés par le sang innocent de Jésus.

Plusieurs études menées sur le syntagme πᾶς ὁ λαός ne sont pas unanimes quant au sens qu'il faut lui attribuer. Pour certaines d'entre elles πᾶς ὁ λαός est un collectif désignant par substitution "le peuple juif" dans son intégralité[3]. Ceci peut prendre une connotation générique

---

comprenant demander, réprimander, répondre, prêcher, crier, engager, ordonner, parler en soi-même, nous ne trouvons que 18 cas dans Mc. et 53 dans Mt. y compris λέγοντος après ῥηθέν. Luc offre environ 30 cas dans les mêmes conditions, sans compter ceux où le participe est précédé de καί ou suivi du pronom. Il y a donc un plus sensible du côté de Mt., qui lui est peut-être venu de son habitude de citer les anciennes prophéties ».

[1] Cf. HALOT, II, 852.

[2] Cf. D. SENIOR, *The Passion Narrative According to Matthew : A Redactional Study*, (BETL 39), 252.

[3] Cf. R. E. BROWN, *La mort du Messie. Encyclopédie de la Passion du Christ*, 928 ; W. T. WILSON, *The Gospel of Matthew*, II, (ECC), 397.

qui équivaudrait au sens qu'il tire de Dt 1, 1[1]; Nb 35, 12 ; mais surtout de Lv 24, 14[2] qui serait à la base d'une telle interprétation. Toutefois, sur le plan lexical πᾶσα ἡ συναγωγή de Lv 24, 14 ainsi que παντὶ Ισραηλ de Dt 1, 1 ne correspondent pas exactement à πᾶς ὁ λαός de Mt 27, 25a. Hans Kosmala émet, quant à lui, des réserves à assimiler πᾶς ὁ λαός à כל־העם de l'AT[3]. Pour d'autres études qui considèrent l'impossibilité de rassembler tout le peuple juif ce matin-là au prétoire – même si l'on pouvait avoir à Jérusalem, en ce temps-là, des pèlerins venus de l'étranger[4], πᾶς ὁ λαός serait une *pars pro toto* que Mt emploie dans un sens partitif pour déterminer une entité représentative de la collectivité juive comme il le fait souvent à travers la signification littéraire et théologique qu'il attribue au syntagme οἱ ἀρχιερεῖς καὶ οἱ πρεσβύτεροι τοῦ λαοῦ (cf. Mt 26, 3. 47 ; 27, 1) [5], contrairement à Mc

---

[1] אֵלֶּה הַדְּבָרִים אֲשֶׁר דִּבֶּר מֹשֶׁה אֶל־כָּל־יִשְׂרָאֵל // Οὗτοι οἱ λόγοι, οὓς ἐλάλησεν Μωυσῆς παντὶ Ισραηλ.

[2] הוֹצֵא אֶת־הַמְקַלֵּל אֶל־מִחוּץ לַמַּחֲנֶה וְסָמְכוּ כָל־הַשֹּׁמְעִים אֶת־יְדֵיהֶם עַל־רֹאשׁוֹ וְרָגְמוּ אֹתוֹ כָּל־הָעֵדָה׃ // Εξάγαγε τὸν καταρασάμενον ἔξω τῆς παρεμβολῆς, καὶ ἐπιθήσουσιν πάντες οἱ ἀκούσαντες τὰς χεῖρας αὐτῶν ἐπὶ τὴν κεφαλὴν αὐτοῦ, καὶ λιθοβολήσουσιν αὐτὸν πᾶσα ἡ συναγωγή.

[3] Cf. H. KOSMALA, « His Blood on Us and our Children (The Background of Matt. 27, 24-25) », *AST* I7, 97-98.

[4] Cf. P. GAECHTER, *Das Matthäus-Evangelium*, 913 soutient qu'il y a la possibilité de parler de ''tout le peuple'', car dans la foule présente au prétoire il n'y avait pas seulement les habitants de Jérusalem, mais aussi des pèlerins venus de l'étranger. F. JOSEPHE, *B. J.*, VI, 420 estime une population de plus de 200 000 personnes pour Jérusalem. En revanche, selon O.-T. VENARD (ed.), *La Passion selon saint Matthieu. Matthieu 26 – 28*, (BEST), 299 : « les vestiges du système antique d'adduction d'eau suggèrent entre 40 000 et 80 000 habitants. Des études sociologiques ne vont pas au-delà de 35 000 personnes. Durant la Pâque, le nombre de personnes montait peut-être jusqu'à 300 000 - 500 000. Les données de F. JOSEPHE, *B. J.*, VI, 423-424 ; = *t. Pessaḥ.* 4, 15 ; *Lam. Rab.* I, 1, 52 sont des exagérations.

[5] Cf. H. FRANKEMÖLLE, *Jahwe-Bund und Kirche Christi. Studien zur Form-und Traditionsgeschichte des ''Evangeliums'' nach Matthäus*,

14, 1. 43 ; 15, 1 qui parle de οἱ ἀρχιερεῖς καὶ οἱ γραμματεῖς. Cependant, cette interprétation n'obéit pas aux règles de l'emploi de πᾶς dans le NT. L'étude de William Johnston sur l'emploi de πᾶς dans le NT conclut que les substantifs concrets articulés au singulier modifiés par πᾶς, tel le cas de πᾶς ὁ λαός, suivent généralement le sens holistique. La plupart des substantifs articulés au singulier modifiés par πᾶς sont des substantifs comme λαός, κόσμος, ou πόλις (dont chacun a un sens collectif)[1]. Suivant la syntaxe de l'AT, πᾶς peut avoir l'influence sémitique de כל ou bien les deux termes ont des caractéristiques similaires[2].

Nous pensons que πᾶς ὁ λαός peut trouver un autre support dans un texte de l'AT qui lui attribue une connotation plutôt ethnique de ''peuple d'Israël''[3], mais

(NTAbh 10), 205. Pour lui, Mt peut intervertir les termes singuliers et les termes collectifs, car les différents groupes sont des grandeurs littéraires et forment ainsi une unité d'action en tant que représentants typiques de la race hostile au Messie. Mt 27, 25a remonte littéralement à Dt 27, 15 (καὶ ἀποκριθεὶς πᾶς ὁ λαὸς ἐροῦσιν), tandis que Dt 27, 25 (Επικατάρατος ὃς ἂν λάβῃ δῶρα πατάξαι ψυχὴν αἵματος ἀθῴου) a probablement agi sur Mt 27, 24 (209). Il conclut que dans le concept théologique de Mt, c'est ''Israël'' en tant que peuple de l'alliance qui décide de son existence ou non en tant que peuple de Dieu (210).

[1] Cf. J. W. JOHNSTON, *The use of Πᾶς in the New Testament*, (SBG 11), 74-75.

[2] Cf. J. W. JOHNSTON, *The use of Πᾶς in the New Testament*, (SBG 11), 118-123.

[3] En revanche, W. D. DAVIES – D. C. ALLISON, *A Critical and Exegetical Commentary on The Gospel According to Saint Matthew*, III, (ICC), 592 pense que Mt 27, 25 ne réfère pas du tout à ''tout Israel''. Il ne doit pas non plus être compris comme une malédiction éternelle. Selon lui, ce verset n'est qu'une légende étiologique qui explique les tribulations de Jérusalem et de ses environs pendant la guerre Juive.

aussi théologique de ''peuple de Dieu''[1]. Les LXX traduisent Dt 27, 15b : וְעָנוּ כָל־הָעָם וְאָמְרוּ אָמֵן par καὶ ἀποκριθεὶς πᾶς ὁ λαὸς ἐροῦσιν Γένοιτο « tout le peuple répondra et dira : Ainsi soit-il ». Sur le plan syntaxique et lexical, Dt 27, 15b paraît proche de Mt 27, 25a. Dans l'évangile de Mt, c'est seulement en 27, 25a que le terme λαός est accompagné de l'adjectif πᾶς.

Sens générique	1, 21	αὐτὸς γὰρ σώσει τὸν λαὸν αὐτοῦ ἀπὸ τῶν ἁμαρτιῶν αὐτῶν.
Sens représentatif	2, 4	καὶ συναγαγὼν πάντας τοὺς ἀρχιερεῖς καὶ γραμματεῖς τοῦ λαοῦ
Sens ethnique	2, 6	ἐκ σοῦ γὰρ ἐξελεύσεται ἡγούμενος, ὅστις ποιμανεῖ τὸν λαόν μου τὸν Ἰσραήλ
Sens générique	4, 16	ὁ λαὸς ὁ καθήμενος ἐν σκότει φῶς εἶδεν μέγα
//	4, 23	καὶ θεραπεύων πᾶσαν νόσον καὶ πᾶσαν μαλακίαν ἐν τῷ λαῷ
Sens ethnique	13, 15	ἐπαχύνθη γὰρ ἡ καρδία τοῦ λαοῦ τούτου
//	15, 8	ὁ λαὸς οὗτος τοῖς χείλεσίν με τιμᾷ, ἡ δὲ καρδία αὐτῶν πόρρω ἀπέχει ἀπ' ἐμοῦ
Sens représentatif	21, 23	οἱ ἀρχιερεῖς καὶ οἱ πρεσβύτεροι τοῦ λαοῦ
//	26, 3	οἱ ἀρχιερεῖς καὶ οἱ πρεσβύτεροι τοῦ λαοῦ
Sens ethnique	26, 5	ἵνα μὴ θόρυβος γένηται ἐν τῷ λαῷ
Sens représentatif	26, 47	ἀπὸ τῶν ἀρχιερέων καὶ πρεσβυτέρων τοῦ λαοῦ
//	27, 1	πάντες οἱ ἀρχιερεῖς καὶ οἱ πρεσβύτεροι τοῦ λαοῦ
Sens générique[2]	27, 25	καὶ ἀποκριθεὶς **πᾶς ὁ λαὸς** εἶπεν
Sens générique	27, 64	μήποτε ἐλθόντες οἱ μαθηταὶ αὐτοῦ κλέψωσιν αὐτὸν καὶ εἴπωσιν τῷ λαῷ

[1] Cf. J. A. FITZMYER, « Anti-Semitism and the Cry of ''All the People'' (Mt 27 : 25) », *TS* 26, 669 ; H. FRANKEMÖLLE, *Jahwe-Bund und Kirche Christi. Studien zur Form-und Traditionsgeschichte des ''Evangeliums'' nach Matthäus*, (NTAbh 10), 209 ; R. E. BROWN, *La mort du Messie. Encyclopédie de la Passion du Christ*, 928 ; U. LUZ, *Matthew 21 – 28*, 501.

[2] Ce sens peut aussi se comprendre comme le sens théologique du terme λαός compris comme peuple de Dieu.

Dans ce double-sens que suggère le syntagme πᾶς ὁ λαός, il sied de noter la tendance de Mt à généraliser, à grossir les traits moyennant les adjectifs πᾶς et πολύς même là où Mc et Lc les omettent[1]. Ainsi, compte tenu du caractère sémitique de la phrase, nous proposons la rétroversion que voici : ויענו כל־העם ואמרו en observant que כל que l'on traduit par πᾶς est étroitement lié à העם [2]. Cette construction se trouve souvent dans les sentences matthéenne de style législatif que proverbial[3]. En contexte biblique et judaïque, l'expression כל־העם // πᾶς ὁ λαός « renvoie aux grands moments de l'Exode et de la conclusion de la première alliance. Elle dit quelque chose de la vision matthéenne de l'histoire du salut »[4]. Ce qui

[1] Cf. B. RIGAUX, *Testimonianza del vangelo di Matteo*, 46 : Mt 1, 3. 4. 16 ; 3, 5. 7 ; 4, 23. 24. 25 ; 5, 1. 15 ; 6, 32. 33 ; 7, 12 (à la différence de Lc 6, 31) ; 8, 1. 16. 18. 32 ; 9, 10. 18. 35 ; 10, 1 ; 11, 13 (à la différence de Lc 16, 10) ; 12, 15 ; 12, 23 (à la différence de Lc 11, 14) ; 13, 2 (à la différence de Mc 4, 1//Lc 8, 4) ; 13, 3. 12. 32. 33. 34. 56 (à la différence de Mc 6, 3) ; 14, 15. 19 (à la différence de Lc 9, 12. 16) ; 14, 22 (à la différence de Mc 6, 45) ; 14, 35 (à la différence de Mc 6, 55) ; 15, 30. 36 (à la différence de Mc 8, 6) ; 15, 37 ; 18, 3. 22 (à la différence de Lc 17, 4) ; 19, 2 ; 19, 30 (à la différence de Lc 13, 30) ; 20, 29 (à la différence de Mc 10, 46) ; 21, 8 (à la différence de Mc 11, 8) ; 21, 9. 11. 12 (à la différence de Mc 11, 15//Lc 19, 45) ; 21, 36 ; 21, 46 (à la différence de Mc 12, 12) ; 23, 1 (à la différence de Mc 12, 37) ; 23, 35 (à la différence de Lc 11, 50) ; 23, 36 ; 24, 2. 33 (à la différence de Mc 13, 29//Lc 12, 31) ; 24, 8 ; 24, 14 (à la différence de Mc 13, 10) ; 24, 33 ; 25, 29 ; 26, 27 ; 26, 1. 27 ; 26, 47. 55. 56 (à la différence de Mc 14, 43) ; 26, 70 (à la différence de Mc 14, 68//Lc 22, 57) ; 27, 1 (à la différence de Mc 15, 1//Lc 22, 66) ; 27, 19 ; 27, 20 (à la différence de Mc 15, 11) ; 27, 22 (à la différence de Mc 15, 13//Lc 23, 21) ; 27, 25 ; 27, 52 ; 27, 55 (à la différence de Mc 15, 40) ; 27, 60 (à la différence de Mc 15, 46).

[2] Considérant le *maqqēph* pleinement dans son rôle d'unir deux ou plusieurs mots étroitement liés dans leur signification. Cf. J. WEINGREEN, *Grammatica di ebraico biblico*, 14.

[3] Cf. M.-J. LAGRANGE, *Évangile selon saint Matthieu*, xcvii-xcviii.

[4] O.-T. VENARD (ed.), *La Passion selon saint Matthieu. Matthieu 26 – 28*, (BEST), 308. Voir aussi E. CUVILLIER, « Références, allusions et

revient à dire que ‘‘tout le peuple’’ qui invoque le sang innocent de Jésus en Mt 27, 25 c’est ‘‘tout Israël’’ comme ‘‘peuple de Dieu’’ qui exprime par cette formule légale de ratification, son adhésion à l’alliance et sa responsabilité dans sa propre rédemption (cf. Ex 12, 1-14 ; 24, 7-8).

Par ailleurs, limiter le sens de ‘‘tout le peuple’’ à Israël seul revient également à limiter le salut acquis par le pardon des péchés à travers le sang de Jésus. Nous comprenons suite à Mt 1, 21 : **« αὐτὸς γὰρ σώσει τὸν λαὸν αὐτοῦ ἀπὸ τῶν ἁμαρτιῶν αὐτῶν »** que le mot λαός repris ici, qu’on trouve aussi en Mt 27, 25, a un sens nouveau et très fort[1] : celui du ‘‘peuple de YHWH’’, bien sûr, mais précisément celui du ‘‘peuple de Jésus’’ (τὸν λαὸν αὐτοῦ) dont la rémission de péchés et le salut acquis au nom de ישוע est prophétisé dans le TM du Ps 130, 8 en ces termes : « **וְהוּא יִפְדֶּה אֶת־יִשְׂרָאֵל מִכֹּל עֲוֺנֹתָיו׃** »[2]. C’est dans cette perspective de Mt 27, 25 que le salut acquis par le sang innocent de Jésus atteint d’abord Israël et le dépasse en même temps.

2.2. Critique littéraire

Nous venons de présenter de façon détaillée les trois grandes interpolations (Mt 27, 3-10. 19. 24-25) que Mt introduit dans la partie centrale du récit de la Passion dans la triple tradition (Mt 27, 1-26). Nous avons démontré que ces insertions rédactionnelles ingénieusement tissées de

---

citations. Réflexions sur l’utilisation de l’Ancien Testament en Matthieu 1 – 2 », C. CLIVAZ et al., *Écritures et réécritures. La reprise interprétative des traditions fondatrices par la littérature biblique et extra-biblique*, (BEthL 248), 230-233 qui parle des références de l’évangile de Mt aux grands récits bibliques.

[1] Cf. Cf. V. MORA, *Le refus d’Israël : Matthieu 27, 25*, (LD 124), 36-37.

[2] « *C’est lui qui rachètera Israël de toutes ses fautes.* » (Traduction de la Bible de Jérusalem, 1988).

l'ironie et du double-sens concourent à l'avènement du sens que Mt donne au sang innocent que le peuple appelle sur lui en 27, 25. Jésus, dont le nom porte la notion du Salut (cf. Mt 1, 21), son sang répandu pour la multitude en rémission des péchés et qui scelle la nouvelle alliance (cf. Mt 26, 28) est le sang du salut pour tout son peuple. C'est en ce sens que semblerait aller la prédication apostolique primitive (cf. Ac 2, 5. 36. 38-39 ; He 9, 14. 18-22)[1]. Nous résumons à présent ces quelques accents littéraires de Mt par rapport à Mc et Lc.

2.2.1. Concordances et différences entre Mt 27, 1-26 // Mc 15, 1-15 // Lc 23, 1-25[2]

Hormis quelques particularités liées à la théologie de chaque évangéliste, les évangiles synoptiques suivent quasiment le même ordre dans la rédaction des événements des derniers jours de Jésus à Jérusalem. Même Jean, qui s'en était éloigné dans la présentation de la vie et du ministère de Jésus, les rejoint pour raconter la Passion.

- *Mt 27, 1-2 [3-10]*[3] *// Mc 15, 1 // Lc 23, 1*

Mt 27, 1-2 suit de près Mc 15, 1 à la différence que le texte de Mc est plus bref et accéléré : Καὶ εὐθὺς πρωῒ diffère de l'élan que Mt prend dans la phrase Πρωΐας δὲ γενομένης. Mais aussi, contrairement à Mc qui a οἱ ἀρχιερεῖς μετὰ τῶν πρεσβυτέρων καὶ γραμματέων, Mt précise οἱ πρεσβύτεροι τοῦ λαοῦ et souligne la fonction de

---

[1] Cf. O.-T. VENARD (ed.), *La Passion selon saint Matthieu. Matthieu 26 – 28*, (BEST), 308.

[2] Cf. P. HOFFMANN – T. HIEKE – U. BAUER, *Synoptic Concordance*, I-IV ; K. ALAND (ed.), *Synopsis Quattuor Evangeliorum*, 468-479.

[3] Les versets mis entre crochets sont des insertions rédactionnelles propres à chaque évangéliste. Sauf en Lc 23, 17 ou les crochets signifient que le verset est inexistant.

Pilate qu'il était ἡγεμών. Il ajoute aussi l'objet du conseil matinal : « faire mourir Jésus ». Lc 23, 1 ignore, pour sa part, l'aspect temporel souligné par Mt et Mc et enchaîne logiquement le procès Juif au procès romain.

- *Mt 27, 11-14 // Mc 15, 2-5 // Lc 23, 2-5 [6-12]*

Pendant que Mt 27, 3-10 insère la première interpolation sur la fin de Judas, Mc 15, 2-16 amorce le procès romain par l'interrogation de Pilate suivie des accusations des dirigeants juifs tandis que Lc 23, 2-5, logiquement change la succession d'événements et fait précéder les accusations des dirigeants juifs par l'interrogation de Pilate. Contrairement à Mt et Mc, Lc précise au v. 2 l'objet politique des accusations. Mt 27, 11-14 revient sur la scène de la comparution au prétoire seulement par l'interrogation de Pilate (v. 11). La triple tradition concorde sur la question du gouverneur à Jésus et sur la réponse de ce dernier. Cependant, Mt et Mc signalent de façon presque similaires le silence de Jésus à la poursuite des accusations des dirigeant juifs ainsi que l'étonnement du gouverneur quant à ce : « καὶ οὐκ ἀπεκρίθη αὐτῷ πρὸς οὐδὲ ἓν ῥῆμα, ὥστε θαυμάζειν τὸν ἡγεμόνα λίαν » en Mt et « ὁ δὲ Ἰησοῦς οὐκέτι οὐδὲν ἀπεκρίθη, ὥστε θαυμάζειν τὸν Πιλᾶτον » en Mc. À la réponse de Jésus, Lc place aussitôt la déclaration de Pilate sur l'innocence de Jésus. Puis enchaîne avec la seconde accusation d'ordre religieux faite par les dirigeants juifs (vv. 4-5). Celle-ci prépare Lc à son insertion rédactionnelle du transfert de Jésus à Hérode (Lc 23, 6-12) – en face de qui Jésus gardera le silence – et de l'amélioration des relations entre Hérode et Pilate. Lc mentionne aussi des accusations acerbes des chefs religieux juifs contre Jésus devant Hérode.

- *Mt 27, 15-18 // Mc 15, 6-10 // Lc 23, 13-16*

Mt 27, 15-18 suit de près Mc 15, 6-10. À la seule différence qu'en Mt, la foule est suggérée comme protagoniste de l'initiative de la libération du prisonnier Barabbas alors qu'en Mc, il est dit clairement que c'est la foule qui le demande comme son droit. Mc ajoute aussi la cause de l'emprisonnement de Barabbas avec ses complices : « meurtre et sédition ». La question que Pilate pose à la foule en Mc « θέλετε ἀπολύσω ὑμῖν τὸν βασιλέα τῶν Ἰουδαίων; » n'est pas la même qu'en Mt « τίνα θέλετε ἀπολύσω ὑμῖν, [Ἰησοῦν τὸν] Βαραββᾶν ἢ Ἰησοῦν τὸν λεγόμενον χριστόν; ». La double tradition souligne également, avec des termes assez différents, que Pilate savait (οἶδα en Mt // γινώσκω en Mc) que c'était par envie (φθόνος) qu'ils (Mt) // les grands prêtres (Mc) l'avaient livré (παρέδωκαν en Mt // παραδεδώκεισαν en Mc). Entre temps, par souci de cohérence au contexte précédent, Lc 23, 13-16 construit une suite logique au transfert de Jésus à Hérode : Pilate récapitule le déroulé de l'instruction du dossier, fait sa plaidoirie devant τοὺς ἀρχιερεῖς καὶ τοὺς ἄρχοντας καὶ τὸν λαὸν à qui il exprime son intention de relâcher Jésus après l'avoir fait flageller.

- *Mt 27, [19] 20-23 // Mc 15, 11-14 // Lc 23, [17] 18-23*

Après la deuxième interpolation de Mt 27, 19 sur l'intercession de la femme de Pilate, les trois récits se rejoignent dans la deuxième phase du procès devant le gouverneur romain. Mt 27, 20-23 s'accorde à Mc 15, 11-14 présentant les οἱ ἀρχιερεῖς καὶ οἱ πρεσβύτεροι (Mt 27, 20) // οἱ ἀρχιερεῖς καὶ οἱ πρεσβύτεροι (Mc 15, 11) en train de persuader (ἔπεισαν en Mt // ἀνέσεισαν en Mc) la foule à demander « l'acquittement de Barabbas » – Mc s'arrête ici ; mais Mt ajoute – « et de faire périr Jésus ». La contre-réaction de Pilate est introduite de la même façon par ces deux évangélistes. Mt préfère mentionner la fonction du gouverneur : « ἀποκριθεὶς δὲ ὁ ἡγεμὼν εἶπεν αὐτοῖς· τίνα θέλετε ἀπὸ τῶν δύο ἀπολύσω ὑμῖν; οἱ δὲ εἶπαν· τὸν Βαραββᾶν », tandis que Mc cite le nom du gouverneur et souligne par πάλιν le caractère répétitif de l'interrogation de Pilate et de la réponse de la foule : « ὁ δὲ Πιλᾶτος πάλιν ἀποκριθεὶς ἔλεγεν αὐτοῖς· τί οὖν [θέλετε] ποιήσω [ὃν λέγετε] τὸν βασιλέα τῶν Ἰουδαίων; οἱ δὲ πάλιν ἔκραξαν· σταύρωσον αὐτόν ». Les questions n'étant pas les mêmes – Mt, sur le modèle de la première question de Pilate, reste sur la comparaison entre les deux séditieux alors que Mc insiste, comme à la première question, sur le titre royal de Jésus – la réponse de la foule en Mt ne correspondra pas non plus à celle de Mc.

Vient enfin la troisième question du gouverneur. Elle est quasi similaire dans la double tradition : « ὁ δὲ ἔφη· τί γὰρ κακὸν ἐποίησεν; οἱ δὲ περισσῶς ἔκραζον λέγοντες· σταυρωθήτω » en Mt et « ὁ δὲ Πιλᾶτος ἔλεγεν αὐτοῖς· τί γὰρ ἐποίησεν κακόν; οἱ δὲ περισσῶς ἔκραξαν· σταύρωσον αὐτόν » en Mc. On peut noter aussi une différence entre Mt et Mc sur l'aspect du verbe σταυρόω dans la réponse de la foule. Bien avant cela, Mt insère une autre question : « λέγει αὐτοῖς ὁ Πιλᾶτος· τί οὖν ποιήσω Ἰησοῦν τὸν λεγόμενον χριστόν; λέγουσιν πάντες· σταυρωθήτω ». Par ailleurs, Lc 23, 18 est une réaction virulente de l'ensemble des grands prêtres, des anciens et du peuple à la plaidoirie de Pilate : « Ανέκραγον δὲ παμπληθεὶ λέγοντες· αἶρε τοῦτον, ἀπόλυσον δὲ ἡμῖν τὸν Βαραββᾶν· ». Cette réaction apporte une information brusque sur Barabbas que Lc ne nomme pas en amont de son récit. Ceci nous fait dire qu'il y aurait une omission de Lc 23, 17 qui serait le parallèle de Mt 27, 15-17 // Mc 15, 6-8 sur l'entrée en scène de Barrabas. L'information que Lc aurait placée au v. 17 est récupérée par une incision sur Barabbas en Lc 23, 19-21 avec un vocabulaire proche de Mc. C'est après que Lc rejoint le procès à la troisième question d'après la double tradition. Cette question constitue pourtant en Lc la troisième adresse de Pilate aux grands prêtres, aux anciens et au peuple : « τί γὰρ κακὸν ἐποίησεν οὗτος; οὐδὲν αἴτιον θανάτου εὗρον ἐν αὐτῷ· παιδεύσας οὖν αὐτὸν ἀπολύσω. οἱ δὲ ἐπέκειντο φωναῖς μεγάλαις αἰτούμενοι αὐτὸν σταυρωθῆναι, καὶ κατίσχυον αἱ φωναὶ αὐτῶν ». Bien que la question de Pilate soit la même que la troisième question dans la double tradition, Lc se démarque de la double tradition par la présentation pittoresque de la vocifération de la foule.

- *Mt 27, [24-25] 26 // Mc 15, 15 // Lc 23, 24-25*

Mt 27, 24-25 procède à sa troisième interpolation sur la déclaration d'innocence de Pilate et l'appel de sang innocent de Jésus sur le peuple. Le v. 26 suivant : « τότε ἀπέλυσεν αὐτοῖς τὸν Βαραββᾶν, τὸν δὲ Ἰησοῦν φραγελλώσας παρέδωκεν ἵνα σταυρωθῇ » reprend au pied de la lettre la finale de Mc 15, 15 : « ἀπέλυσεν αὐτοῖς τὸν Βαραββᾶν, καὶ παρέδωκεν τὸν Ἰησοῦν φραγελλώσας ἵνα σταυρωθῇ » dont le début souligne que la décision finale du gouverneur était dans le but de satisfaire la foule : « Ὁ δὲ Πιλᾶτος βουλόμενος τῷ ὄχλῳ τὸ ἱκανὸν ποιῆσαι ». Lc 23, 24-25, en revanche, conclut autrement l'épisode du procès romain. Par une phraséologie atypique, Lc mentionne tout simplement que Pilate a livré Jésus selon la volonté de la foule : « Καὶ Πιλᾶτος ἐπέκρινεν γενέσθαι τὸ αἴτημα αὐτῶν· ἀπέλυσεν δὲ τὸν διὰ στάσιν καὶ φόνον βεβλημένον εἰς φυλακὴν ὃν ᾐτοῦντο, τὸν δὲ Ἰησοῦν παρέδωκεν τῷ θελήματι αὐτῶν ». Nous pouvons aussi observer l'influence de Mt 27, 24 sur Lc 23, 13-16. 20 à propos de la tendance de Pilate de s'innocenter ainsi que sa volonté expressive de relâcher Jésus que Mc 15, 6-15 ne note pas clairement.

2.2.2. Une note sur la proposition de lecture de Mt 27, 16-17

Dans notre effort de comprendre le sens de Mt 27, 25 dans la partie centrale de la Passion (27, 1-26), nous nous limiterons à ne présenter que deux grandes leçons significatives des vv. 16[1]-17[2] d'après NA^{28}. Elles orienteront notre lecture de la signification du sang innocent de Jésus en Mt 27, 25. Au sujet de ces versets, des chercheurs ont discuté sur l'historicité de la coutume de ce qu'ils ont appelé *privilegium paschale*. Plusieurs d'entre eux ont souligné qu'il n'y a aucune corroboration historique de cette coutume en dehors des évangiles[3]. Si certains ont jugé tardive l'attestation d'une pareille coutume, des sources juives nous apprennent pourtant qu'il y aurait des exemples de mesure de grâce accordées aux prisonniers par la largesse des autorités romaines selon les traditions locales des peuples[4] autour de Pâque[5]. Le fait que Mt réélabore cette information est intentionnel. Il est vrai que selon son point de vue, la condamnation de Jésus ne dépendait pas de l'acquittement de Barabbas. La présentation de ces deux personnages ne semble avoir d'intérêt en Mt que lorsqu'elle met en relief le motif vétérotestamentaire du ''choix''. Nous

---

[1] ° ℵ A B D K L W Γ Δ f^{13} 33. 565. 579. 700^{c}. 892. 1241. 1424 𝔐 latt sy$^{p.h}$ co ; Or^{lat} ¦ *txt* Θ f^{1} 700*. ℓ 844 sy^{s}.

[2] ⸀ τον Βαραββαν B ; Or ¦ Βαραββαν ℵ A D K L W Γ Δ f^{13} 33. 565. 700^{c}. 892. 1241. 1424 𝔐 latt co; (Or$^{lat\ mss}$) ¦ Ιησουν Βαραββαν Θ (⸉ 579). 700*. ℓ 844 ; Or^{lat} ¦ *txt* f^{1} sy^{s}; Or^{mss}.

[3] Cf. P. WINTER, *On the Trial of Jesus*, 94 ; D. SENIOR, *Matthew*, (ANTC), 321.

[4] Cf. F. JOSEPHE, *A. J.* XX, 208-215 ; R. E. BROWN, *La mort du Messie. Encyclopédie de la Passion du Christ*, 904-910.

[5] Cf. *m. Pessaḥ.* 8, 6 ; *b. Pessaḥ.* 91a.

constatons que les vv. 16 et 17 occupent quasiment les abords du centre de Mt 27, 1-26, le cœur du récit de la Passion. Une disposition qui aurait servi Mt à localiser le message clé du procès ?

Comme l'on peut le constater, trois principaux Codex : le *Vaticanus* (IVe s.), le *Sinaiticus* (IVe s.) et l'*Alexandrinus* (Ve s.) ignorent la variante du v. 16 et 17 : Ἰησοῦν Βαραββᾶν qui a pourtant survécu dans quelques témoins révélateurs dont le *Sinaiticus Syriac* (Sy^s^) du IVe s. et certains Mss d'Origène. Le motif majeur de cette omission peut s'expliquer, selon Paul Winter et Hyam Maccoby, par un certain relent apologétique des chrétiens dès le IVe s. de notre ère. Car, pendant la période apostolique, lorsque l'Église chrétienne espérait encore convertir un grand nombre de Juifs, le discours d'un peuple juif déicide était sans fondement. C'était plutôt les *dirigeants* juifs qui ont été rendus responsables de la Crucifixion (cf. Ac 3, 17). Mais plus tard, lorsque la résistance du peuple juif au christianisme est devenue évidente, l'arrestation de deux Jésus en Mt a été ressentie comme quelque peu bizarre par les chrétiens qui oublieront progressivement le prénom d'un des deux et reporteront la faute de la Crucifixion sur l'ensemble du peuple juif[1]. Hormis l'explication théologique émise par Origène en faveur de la suppression de Ἰησοῦν parce qu'il associe trop étroitement le meurtrier Barabbas à Jésus, il y a une autre explication scribale pour l'omission ou l'ajout de Ἰησοῦν au v. 17. C'est la présence de ὑμῖν qu'on retrouve juste avant et qui aurait causé une erreur d'haplographie chez le copiste qui aurait ajouté Ἰησοῦν

[1] Cf. P. WINTER, *On the Trial of Jesus*, 94-99 ; H. MACCOBY, « Jesus and Barabbas », *NTS* 16, 55-56.

puisque ῑν était une abréviation commune pour designer Ἰησοῦν[1].

Par ailleurs, au regard des positions ambivalentes des certains spécialistes au sujet de la variante Ἰησοῦν Βαραββᾶν[2], la grande majorité de chercheurs modernes est aujourd'hui favorable à la lecture de Ἰησοῦν Βαραββᾶν[3]. Convaincu par la proposition de Wratislaw[4] sur le parallélisme entre la ressemblance de Jésus à Barabbas et l'image des deux boucs de *Yom Kippour*, Hans Moscicke émet pour sa part une nouvelle hypothèse. Afin de résoudre l'énigme que pose cette typologie de Barabbas comme bouc émissaire, et en vue de justifier le rapprochement du récit de *Yom Kippour* au discours de Mt 27, 25 sur le sang innocent, mais aussi pour prouver la fonction du lavage des mains de Pilate dans la typologie, Moscicke pense que dans son contexte de conflit sectaire intra-juif, Mt inverse le rituel du Jour des Expiations de Lv 16, 7-10. 15-22 pour obtenir un effet polémique, en étendant le rôle de bouc émissaire de Barabbas à la population rassemblée devant Pilate dans une interprétation satirique du rituel de *Yom Kippour*. Pour Moscicke, Mt fait en sorte que le gouverneur païen transfère l'offense de la culpabilité du sang de ses mains sur le peuple qui, avec ses enfants, est destiné à porter une

---

[1] Cf. H. M. MOSCICKE, « Jesus, Barabbas, and the Crowd as Figures in Matthew's Day of Atonement Typology (Matthew 27 : 15-26) », *JBL* 139, 132-133 n. 29.

[2] Cf. D. A. HAGNER, *Matthew 14 – 28*, II, (WBC 33B), 820-823 ; C. S. KEENER, *A Commentary on the Gospel of Matthew*, 669 n. 182.

[3] Cf. R. H. GUNDRY, *Matthew*, 561-563 ; W. D. DAVIES – D. C. ALLISON, *A Critical and Exegetical Commentary on The Gospel According to Saint Matthew*, III, (ICC), 584 n. 20 ; D. SENIOR, *Matthew*, (ANTC), 321 ; R. E. BROWN, *La mort du Messie. Encyclopédie de la Passion du Christ*, 886-887.

[4] Cf. A. H. WRATISLAW, « The Scapegoat-Barabbas », *ExpT*, III, 400-403.

malédiction, à subir l'exil et à habiter un nouveau désert en 70 de notre ère[1]. Bref, pour ce penseur, Pilate est assimilé au grand prêtre, Jésus est comparé au bouc immolé, tandis que Barabbas associé au peuple sont identifiés, l'un au bouc émissaire et l'autre au désert. Ainsi, faire du prénom "Jésus" le dénominateur commun entre le "Christ" et "Barabbas" accentue la comparaison entre ces deux personnages et va dans le sens de la tradition halakhique de la *Mishna* sur le Jour des Expiations qui exige que les deux boucs soient semblables en apparence, en taille, en valeur et soient achetés en même temps[2].

Il nous semble que la typologie de Hans Moscicke fonctionne jusqu'à un certain point. Il est difficile de comprendre que le peuple qui se défait de ses péchés, d'après Lv 16, 20-22 soit en même temps comparable au désert, le lieu où est envoyé le bouc émissaire chargé des péchés du même peuple. Encore faut-il noter que pour Mt, selon notre compréhension, "tout le peuple" n'est pas responsable de la mort de Jésus. À notre avis, nous admettons que le récit original de la Passion selon Mt reprenait effectivement Ἰησοῦν Βαραββᾶν au v. 17 puisque si c'était une erreur d'haplographie que le scribe aurait commise au v. 17, que pourrons-nous dire alors du v. 16 ? Quel élément d'écriture justifierait cette erreur d'haplographie au v. 16 ? Par ailleurs, nous retenons que le Christ et Barabbas sont deux personnages distincts dans la Passion de Mt mais ils sont présentés dans une même catégorie de Ἰησοῦς, c'est-à-dire de *sauveur*[3]. Loin de

---

[1] Cf. H. M. MOSCICKE, « Jesus, Barabbas, and the Crowd as Figures in Matthew's Day of Atonement Typology (Matthew 27 : 15-26) », *JBL* 139, 125.

[2] Cf. *m. Yoma* 6, 1.

[3] Il est vrai que l'évangile de Mc qui est la source de Mt ne dit pas clairement que Barabbas était un meurtrier comme Mt le présente. Le fait que Mc et Mt l'associent quand même à une sédition nous renvoie

faire valoir ici l'argument de la *lectio difficilior potior*, nous considérons plutôt que puisque les événements de la Passion se situent dans le contexte pascal, Mt se serait servi du modèle du récit pascal de l'Ex 12, 1-14. Si, dans le contexte d'une mort expiatoire, le choix entre deux Jésus évoque la liturgie de *Yom Kippour* ; dans le contexte de la mort salvatrice, la typologie se prête bien au choix d'un animal dans une même catégorie pour le salut de tout le peuple. Cela étant, la typologie de l'agneau est ici en vue. Dans le récit de l'institution pascale, il est question du choix ; mais un choix qui s'opère parmi les animaux d'une même classe : שֶׂה תָמִים זָכָר בֶּן־שָׁנָה יִהְיֶה לָכֶם מִן־הַכְּבָשִׂים וּמִן־הָעִזִּים תִּקָּחוּ׃ « Ce sera un agneau sans défaut, mâle, âgé d'un an ; vous pourrez prendre un agneau ou un chevreau » (Ex 12, 5). Ceci dit, la leçon du v. 16 se justifie *mutatis mutandis* par rapport à ce qui est dit ci-haut pour le v. 17.

2.3. Conclusion

Faisons quelques observations au terme de ces analyses. Partant du plan de l'ensemble du premier évangile que nous avons subdivisé en quatre parties : 1, 1 – 4, 16 ; 4, 17 – 16, 20 ; 16, 21 – 26, 1 ; 26, 2 – 28, 20, nous nous sommes penchés sur l'étude de la composition de la dernière partie qui relate la Passion du Christ. À l'aide des travaux de Paul Gaechter et de Roland Meynet d'une part, mais aussi au moyen d'indices littéraires et stylistiques d'autre part, nous avons dégagé la structure du récit de la Passion selon Mt dont la partie centrale

---

à l'image d'un Barabbas révolutionnaire ou d'un émeutier. Barabbas pourrait donc être l'un des Zélotes ? Le texte ne le dit pas. Si la réponse est affirmative, nous pourrons donc le considérer dans le lot des *sauveurs* d'Israël, de tous ceux qui luttaient pour la libération politique de l'occupation du peuple juif.

correspond à 27, 1-26. C'est justement dans cette partie que se situe Mt 27, 25, notre texte d'étude. Selon le plan rédactionnel du premier évangile, il nous a paru évident d'affirmer que Mt aurait placé au centre de cette péricope le message clé du récit de la Passion en lien avec ses trois interpolations : 27, 3-10. 19. 24-25. Ces insertions rédactionnelles à la *Vorlage* de Mc, sa source, élabore en lien avec 1, 21 ; 23, 35 ; 26, 28 – sous le coup de l'ironie et du double-entendre – des motifs tels que ἁμαρτία, ἀθῷος et δίκαιος pour expliquer le sens du sang innocent de Jésus que "tout le peuple" appelle sur lui pour son salut en 27, 25. Ce sang est rédemption tant pour Israël que pour le "peuple de Jésus" qui, désormais ne célèbrera plus sa Pâque avec le sang de l'agneau mais avec le sang de Jésus qui annonce à la fois la fin des sacrifices au Temple et le basculement de l'autorité du Temple en la personne même de Jésus[1]. Nous en sommes arrivés là parce que nous avons considéré que dans le récit de la Passion "λαός" est un personnage à part entière, distinct de "ὄχλος"[2]. Il en va de même pour la distinction entre « Ἰησοῦν τὸν Βαραββᾶν » et « Ἰησοῦν τὸν λεγόμενον χριστόν » dont l'évocation du motif dans le contexte

---

[1] Cf. C. S. HAMILTON, « "His Blood be Upon Us" : Innocent Blood and the Death of Jesus in Matthew », *CBQ* 70, n° 1, 100.

[2] Même les données historiques sur Jésus présentées par J. P. MEIER, *Un certain juif Jésus. Les données de l'histoire*, III, 27-39 n'établissent aucune équivalence entre les "foule" et le "peuple" comme des gens qui suivaient Jésus. Les 46 occurrences du terme ὄχλος dans l'évangile de Mt font référence à une entité indéfinie, à une masse de gens (cf. 4, 25 ; 5, 1 ; 7, 28 ; 8, 1 ; 9, 8 ; 9, 23 ; 9, 25 ; 9, 33 ; 9, 36 ; 11, 7 ; 12, 15 ; 12, 23 ; 12, 46 ; 13, 2 ; 13, 34 ; 13, 36 ; 14, 5 ; 14, 13 ; 14, 14 ; 14, 15 ; 14, 19 ; 14, 22 ; 14, 23 ; 15, 10 ; 15, 30 ; 15, 31 ; 15, 32 ; 15, 33 ; 15, 36 ; 15, 39 ; 17, 14 ; 19, 2 ; 20, 29 ; 20, 31 ; 21, 8 ; 21, 9 ; 21, 11 ; 21, 26 ; 21, 46 ; 22, 33 ; 23, 1 ; 26, 47 ; 26, 55 ; 27, 15 ; 27, 20 ; 27, 24) contre 14 fois où le mot λαός apparaît pour designer précisément soit Israël soit théologiquement le peuple de Dieu.

pascal matthéen souligne la thématique pascale vétérotestamentaire du ‘‘choix de l’agneau’’ destiné à sauver le peuple Hébreu en Ex 12, 1-14.

CHAPITRE III

EX 12, 13 COMME TRAIT ALLUSIF DANS L'ARRIÈRE-FOND DE MT 27, 25

L'évangile de Mt est véritablement tissé des réminiscences et citations bibliques vétérotestamentaires. Les unes sont explicites tandis que d'autres sont implicites[1]. Il nous a semblé important, au fil des chapitres précédents, de souligner le rapport que la partie centrale de la Passion (Mt 27, 1-26) entretien avec l'Écriture mais plus étroitement avec le récit de l'institution de la fête de Pâque en Ex 12, 1-14. Il est vrai que quand Mt renvoie ses lecteurs à l'Écriture, il le fait distinctement par des *formula-citations*[2]. Il arrive aussi que l'on perçoive dans le texte de Mt des motifs ou certaines figures et thématiques qui supposeraient des allusions à des passages de l'Écriture[3] ou à d'autres textes contemporains de son rédacteur[4]. Ce phénomène peut être dû soit à un renvoi conscient que Mt fait à l'Écriture sachant que ses lecteurs seraient capables de faire ce lien, soit cela est inconsciemment occasionné par sa grande culture

---

[1] Cf. J. NIEUVIARTS, *L'entrée de Jésus à Jérusalem (Mt 21, 1-17). Messianisme et accomplissement des Écritures en Matthieu*, (LD 176), 19.

[2] Les formules introductives des citations d'accomplissement.

[3] Cf. E. CUVILLIER, « Références, allusions et citations. Réflexions sur l'utilisation de l'Ancien Testament en Matthieu 1 – 2 », C. CLIVAZ et al., *Écritures et réécritures. La reprise interprétative des traditions fondatrices par la littérature biblique et extra-biblique*, (BEthL 248), 233-235 présente ces passages comme étant des références et des allusions matthéennes aux textes de l'AT : (Mt 1, 1 => Gn 2, 4 ; 5, 1 ; Mt 1, 21 => Ps 130, 8 ; Mt 2, 13 => Jr 33, 21-23 et 1R 11, 40 ; Mt 2, 13-23 => Ex 1, 22 ; 2, 1-10 ; 12, 31).

[4] Cf. A. ITO, « Matthew and the Community of the Dead Sea Scrolls », *JSNT* 48, 1992, 25-33 établi des parallèles possibles entre certains textes de Mt et ceux des Manuscrits de la Mer Morte.

biblique. Si du point de vue *formel* de la reprise de l'Écriture dans le NT le premier évangile semble établir un lien allusif entre Mt 27, 16-17 et le contexte du choix de l'agneau[1], il se peut que Mt 27, 25 contienne aussi une allusion thématique au rite apotropaïque de l'Ex 12, 5-7. 13. Sur le *contenu* de l'allusion, la référence de Mt à l'Écriture paraît manifeste dans la construction des personnages[2], la thématisation[3] et la trame événementielle de la Passion qui renverrait à l'Exode[4]. Ce chapitre propose une étude de ces liens allusifs qui plus est confirment le travail scribal qui caractérise l'herméneutique de Mt dont les techniques faisant recours à l'Écriture paraissent proches des *méthodes contemporaines* du temps de son auteur. Nous vérifierons aussi les éléments d'analyse sur l'étude de l'arrière-fond juif d'un texte du NT en évaluant des éventuelles connexions hypertextuelles entre Mt 27, 25 et Ex 12, 5-7. 13.

3.1. De l'hypertextualité

Il est admis par des littéraires ainsi que par des exégètes modernes que la présence effective d'un texte dans un

---

[1] Le TM et les LXX d'Ex 12, 3-5 contiennent שֶׂה/πρόβατον, un terme générique qui désigne l'unité du petit bétail, qui peut être aussi bien un ''mouton'' qu'une ''chèvre'' (cf. HALOT, III, 1310 et BDAG, 866) au lieu de כֶּבֶשׂ qui lui, désigne proprement un ''agneau'' (cf. HALOT, II, 460). Nous préférons utiliser le terme ''agneau'' (אִמַּר/agnus) conservé dans le *Tg. Neof.* Ex 12, 3-5 et dans la *Vulg.* parce qu'il symbolise la Pâque.

[2] Notamment la construction matthéenne des personnages de Jésus Barabbas et Jésus le Christ comme la typologie du choix de l'agneau ; le personnage du peuple comme figure de l'assemblée d'Israël.

[3] La fête de Pâque peut être considérer comme la thématique d'Ex 12, 1-14 et de Mt 27, 25.

[4] L'Exode ou la libération du peuple constitue la trame de l'événement qui unis Ex 12, 1-14 à Mt 27, 25.

autre, qu'elle soit explicite ou allusive, établit de fait entre ces textes un lien transtextuel dit d'intertextualité[1]. Pour Julia Kristeva, tout texte est une mosaïque de citations, une absorption et transformation d'un autre texte[2]. Le rapport d'intertextualité, en effet, se comprend dans le sens où une citation (Q : *Quotation*), voire une allusion[3] d'un pré-texte (T_2 : *Source text*) est reprise dans un texte destinataire (T_1: *Target text*)[4]. Pour établir cette forme d'interaction entre les textes il convient de vérifier un certain nombre d'éléments notamment au niveau extra-textuel, textuel et contextuel.

Au niveau *extra-textuel*, il faudra trouver : la relation chronologique entre les deux textes ; la plausibilité historique, que le texte transposé était connu de l'auteur et

---

[1] Cf. J.-N. ALETTI et al., *Vocabulaire raisonné de l'exégèse biblique. Les mots, les approches, les auteurs*, 74.

[2] Cf. J. KRISTEVA, « Le mot, le dialogue et le roman », Σημειωτικη, 85. Voir aussi W. S. VORSTER, « Intertextuality and Redaktionsgeschichte », S. DRAISMA (ed.), *Intertextuality in Biblical Writings*, 20.

[3] Selon N. PIEGAY-GROS, *Introduction à l'intertextualité*, 52 cité par E. CUVILLIER, « Références, allusions et citations. Réflexions sur l'utilisation de l'Ancien Testament en Matthieu 1 – 2 », C. CLIVAZ et al., *Écritures et réécritures. La reprise interprétative des traditions fondatrices par la littérature biblique et extra-biblique*, (BEthL 248), 233 n. 12, « L'allusion est une manière ingénieuse de rapporter à son discours une pensée très connue, de sorte qu'elle diffère de la citation en ce qu'elle n'a pas besoin de s'étayer du nom de l'auteur, qui est familier à tout le monde, et surtout parce que le trait qu'elle emprunte est moins une autorité, comme la citation proprement dite, qu'un appel à la mémoire du lecteur, qu'il transporte dans un autre ordre de chose, analogue à celui dont il est question … L'allusion littéraire suppose … que le lecteur va comprendre à mots couverts ce que l'auteur veut lui faire entendre sans le lui dire directement ».

[4] Cf. H. F. PLETT, « Intertextualities », ID. (ed.), *Intertextuality*, 8 ; W. WEREN, *Intertextualiteit en bijbel*, 18. Voir aussi G. MICHELINI, *Il sangue dell'alleanza e la salvezza dei peccatori. Una nuova lettura di Mt 26 – 27*, (AnGr 306), 71-73.

de ses destinataires ; la disponibilité, si et comment l'auteur du texte transposé a pu avoir accès au texte primaire ; l'analyse du genre littéraire. Au niveau *textuel*, étudier : la sélection des éléments communs, vérification de l'unicité et de l'exclusivité d'utilisation ; la forme linguistique des expressions courantes ; l'analyse de l'intégration syntagmatique structurelle entre les deux textes ; les critères de volume et de récurrence qui analysent la densité des liens intertextuels et des liens entre les textes ; la fréquence des répétitions explicites de mots ou de schémas syntaxiques. Au niveau *contextuel* on veillera sur : la cohérence thématique ; le principe de référentialité, différencier "usage" et "mention"; le critère de la communicativité, évaluer la conscience communicative de l'auteur secondaire à travers des signes clairs et non ambigus dans le texte ; la sélectivité, analyser la sélection ou le choix des références croisées comme significatives pour l'interprétation ; le critère d'autoréflexivité, chercher à reconnaître non seulement les références claires et conscientes au pré-texte, mais tenter de clarifier si l'auteur secondaire a expérimenté un processus de réflexion concernant le fait en soi de la référence intertextuelle ; la fonction structurelle, identifier l'hypothèse structurelle en relation avec des unités plus larges que la simple référence croisée ; la "Dialogicalité", analyser la tension sémantique et idéologique entre le pré-texte et le texte[1]. Le défi majeur de l'étude intertextuelle

---

[1] Pour ce paragraphe, voir R. B. HAYS, *Echoes of Scripture in the Letters of Paul*, 29-32. Voir aussi M. PFISTER, « Konzepte der Intertextualität », U. BROICH – M. PFISTER (eds.), *Intertexualität. Formen Funktionen, anglistische Fallstudien* (KSL 35), 26-30 ; S. GILLMAYR-BUCHER, « Intertextuality: Between Literary Theory and Text Analysis », T. L. BRODIE et al. (eds.), *The Intertextuality of the Epistles: Explorations of Theory and Practice* (NTM 16), 22-23 repris dans A. CAVICCHIA, *« ...E abbiamo contemplato la sua gloria... ». Esegesi del prologo giovanneo (Cf. Gv 1, 1-18)*. Dispense ad uso

est de pouvoir distinguer dans une citation (Q) que l'auteur du T_1 fait du T_2 l'utilisation des termes courants de leur mention intentionnelle.

Parmi les cinq modèles de connexions textuelles appelés généralement formes de relations transtextuelles par Gérard Genette[1], nous estimons que Mt 27, 25 et Ex 12, 5-7. 13 établissent plutôt entre eux un rapport d'hypertextualité. En effet, l'hypertextualité comme un procédé plus complexe de la littérature, désigne la relation qui unit un texte dit hypertexte à un texte antérieur appelé hypotexte, à la manière d'une greffe, sans en être un commentaire. Le texte secondaire est donc ''généré'' à partir du texte précédent par un type d'opération que Genette appelle ''transformation'' du pré-texte. Un texte peut aussi dériver d'un autre de manière simple, formelle ou thématique, ou encore indirecte, comme l'imitation[2].

La thématique pascale étant la même entre le texte de l'Ex 12 et celui de Mt 27, nous pouvons dès lors observer

---

esclusivo degli studenti che hanno partecipato al corso dell'a.a. 2021-22, 15-16.

[1] Cf. G. GENETTE, *Palimpsestes. La littérature au second degré*, 8-16. Ce littéraire défini cinq modèles de connexions transtextuelles suivants : l'*intertextualité* comprise dans un sens plus étroit que la proposition de KRISTEVA, indiquant la présence effective d'un texte dans un autre, de la citation explicite à l'allusion ; la *paratextualité* concerne les éléments structurants qui servent à guider le lecteur, tels que les titres, les sous-titres, la préface, les notes en marges, etc. ; la *métatextualité* qui désigne les commentaires d'un autres texte, même sans mention explicite ; l'*hypertextualité* et l'*architextualité* qui indique le degré le plus abstrait et implicite de transtextualité et décrit un type de relation générique, rappelant des types de discours, des modes d'expression ou des genres littéraires, tels que la poésie, l'essai, le roman. Voir aussi A. CAVICCHIA, *« ...E abbiamo contemplato la sua gloria... ». Esegesi del prologo giovanneo (Cf. Gv 1, 1-18)*. Dispense ad uso esclusivo degli studenti che hanno partecipato al corso dell'a.a. 2021-22, 14-15.

[2] Cf. G. GENETTE, *Palimpsestes. La littérature au second degré*, 12-16.

une certaine transformation du pré-texte de l'Ex 12, 5-7. 13 dans le contexte pascal de Mt 27, 25. Toutefois, des études au sujet des rapports entre textes attirent notre attention sur le fait que tous les textes ne peuvent pas être rapprochés et que la présence d'un mot ou d'une idée commune à deux textes ne signifie pas forcément la présence d'un lien. Il faut, en revanche, trouver entre ces deux textes un faisceau de convergences avec des éléments au plan syntaxique ou narratif permettant de vérifier qu'une figure dans un récit fonctionne bien *comme* dans un autre récit[1]. Il est vrai que Mt ne cite pas explicitement le texte de l'Ex 12 mais en reprend allusivement des motifs thématiques autour des lexèmes "Pâque", "sang", "peuple" et, dans une certaine mesure, "maison" et transforme certains caractères des personnages du récit de l'Exode.

Bien que les citations ou, dans le cas qui est le nôtre, les allusions font intervenir dans une écriture un autre discours antérieur, choisi et repris pour y être utilisé, ce discours rapporté revêt quand même, sur le plan de la signification, une double valeur : celle qui lui revient du contexte de l'énoncé dont il a été extrait, et celle qui découle de son insertion dans un nouveau contexte comme citation ou allusion[2]. Pour reprendre les mots de Maria Renata Mayenowa, la citation ou l'allusion transporte toujours avec elle quelque chose – un quelque chose à définir – de sa signification première et de son lien au contexte original ; elle demeure en quelque sorte gorgée de cette première signification, qui se transforme, très

[1] Cf. J. NIEUVIARTS, *L'entrée de Jésus à Jérusalem (Mt 21, 1-17). Messianisme et accomplissement des Écritures en Matthieu*, (LD 176), 27-28.

[2] Cf. J. NIEUVIARTS, *L'entrée de Jésus à Jérusalem (Mt 21, 1-17). Messianisme et accomplissement des Écritures en Matthieu*, (LD 176), 22.

certainement, dans sa nouvelle mise en discours, mais ne disparaît pas. Elle en enrichit le discours qui la reçoit ou l'intègre[1]. Il nous semble soutenable que l'enrichissement de la signification que l'allusion à Ex 12 apporte au récit de la Passion de Mt pourrait être le sens salvifique de la Pâque : le sang de l'agneau répandu et placé sur le peuple lui obtient le salut. Nous sommes à la croisée des chemins entre la technique herméneutique juive de l'utilisation de l'Écriture et les méthodes modernes d'études des relations entre les textes.

Cependant, il reste à démontrer dans quelle mesure le contexte des énoncés ou des allusions à Ex 12 est pris en compte en Mt 27, 25. Aussi faudra-t-il déterminer quelles relations ces allusions entretiendraient avec l'épisode dans lequel elles sont introduites et voir, enfin, comment interpréter la disposition des pareilles allusions dans le récit de la Passion[2]. Nous avons vu précédemment qu'un certain nombre d'exégètes structurent l'évangile de Mt en cinq discours[3]. Il nous paraît vraisemblable qu'en Mt 26, 2 – 28, 20, qui est en fait la dernière partie narrative de l'évangile, Jésus parle désormais plus en actes qu'en paroles. Ces actes nous semblent expliquer et résumer tous les discours ainsi que les narrations précédentes dans l'évangile. C'est dans ce sens, par exemple, que Mt

---

[1] Cf. M. R. MAYENOWA, « Expressions guillemetées : contribution à l'étude de la sémantique du texte poétique », C. H. VAN SCHOONEVELD, *Signe, Langue, Culture. Studia Memoriae Nicolai Van Wijk dedicata*, 655.

[2] Cf. J. MILER, *Les citations d'accomplissement dans l'évangile de Matthieu. Quand Dieu se rend présent en toute humanité*, (AnBib 140), 8 rapporte cette série de questions que l'histoire de la recherche dégage quant à l'étude des citations d'accomplissement dans l'évangile de Mt.

[3] Le discours sur la montagne (5, 1 – 7, 29), le discours missionnaire (9, 36 – 11, 1), le discours en paraboles (13, 1-53), le discours ecclésial (18, 1 – 19, 1), le discours final (23, 1 – 26, 1).

déploie à travers le récit de la Passion-Mort et Résurrection de Jésus (26 – 28) toute une herméneutique qui traduit en acte la signification du nom de Jésus énoncé à ses lecteurs au seuil de son évangile (cf. Mt 1, 21). C'est-à-dire que Mt démontre au moyen du récit de la Passion comment YHWH décide d'intervenir personnellement dans l'histoire pour sauver son peuple de ses péchés[1]. Par sa connaissance des Écritures, il nous paraît raisonnable d'affirmer que Mt a su exploiter des motifs vétérotestamentaires ayant trait au thème de salut du peuple pour expliquer l'intervention de Jésus dans l'histoire ainsi que sa mission de sauveur. Parmi ces motifs, celui du récit de l'Ex 12 entre autres, paraît beaucoup plus significatif puisqu'il établit un rapport de convergence lexicale, sémantique et thématique entre la Pâque ancienne et la Pâque nouvelle ; entre le choix parmi les agneaux en Exode et le choix entre Jésus et Barrabas ; entre le sang de l'agneau en Exode[2] et le sang de Jésus en Mt ; entre toute l'assemblée d'Israël en Exode et tout le peuple en Mt ; entre le sang de l'agneau sur les maisons des Hébreux et le sang de Jésus « sur nous et sur nos enfants » en Mt.

[1] Cf. G. MICHELINI, *Il sangue dell'alleanza e la salvezza dei peccatori. Una nuova lettura di Mt 26 – 27*, (AnGr 306), 70.
[2] Cf. D. SULLIVAN, « New Insights into Matthew 27:24-25 », *NB* 73, 454-455.

Ex 12, 5-7. 11. 13		Mt 26, 2. 18. 27-28 ; 27, 17. 25	
12, 11 12, 13c	**פֶּסַח הוּא** לַיהוָה **וּפָסַחְתִּי** עֲלֵכֶם	μετὰ δύο ἡμέρας **τὸ πάσχα γίνεται** πρός σὲ **ποιῶ τὸ πάσχα**	26, 2a 26, 18b
12, 5	שֶׂה תָמִים זָכָר בֶּן־שָׁנָה יִהְיֶה לָכֶם מִן־הַכְּבָשִׂים **וּמִן**־הָעִזִּים תִּקָּחוּ׃	τίνα θέλετε ἀπολύσω ὑμῖν, Ἰησοῦν τὸν Βαραββᾶν **ἢ** Ἰησοῦν τὸν λεγόμενον χριστόν;	27, 17
12, 7	**וְלָקְחוּ מִן־הַדָּם** וְנָתְנוּ עַל־שְׁתֵּי הַמְּזוּזֹת וְעַל־הַמַּשְׁקוֹף עַל הַבָּתִּים אֲשֶׁר־יֹאכְלוּ אֹתוֹ בָּהֶם ׃	καὶ **λαβὼν ποτήριον** καὶ εὐχαριστήσας ἔδωκεν αὐτοῖς λέγων· πίετε ἐξ αὐτοῦ πάντες, **τοῦτο γάρ ἐστιν τὸ αἷμά μου** τῆς διαθήκης τὸ περὶ πολλῶν ἐκχυννόμενον	26, 27-28a
12, 6b	**כֹּל** קְהַל **עֲדַת**־יִשְׂרָאֵל	**πᾶς ὁ λαός**	27, 25
12, 13a	וְהָיָה **הַדָּם** לָכֶם לְאֹת **עַל הַבָּתִּים**	**τὸ αἷμα** αὐτοῦ **ἐφ' ἡμᾶς καὶ ἐπὶ τὰ τέκνα ἡμῶν**.	27, 25

Ce tableau essaie d'expliquer ce que nous désignons par allusion matthéenne au texte de l'Exode. Il se base sur la sélection des éléments communs dont le sens est proche dans les deux textes, la fréquence des répétitions explicites de mots ou de schémas syntaxiques, l'unicité thématique, le principe de référentialité qui différencie l'usage courant d'un mot de sa mention consciente et commutative par le rédacteur de l'hypertexte, l'identification de l'hypothèse structurelle qui définit la relation des unités plus larges entre les deux textes que la simple référence croisée.

Au regard de ce qui apparaît comme un lien allusif entre ces deux récits dont le contexte pascal serait le dénominateur commun, relevons quatre éléments repris sur ce tableau qui plaideraient en faveur de ce probable lien. Il s'agit tout d'abord de *l'identification de la fête*. En

Ex 12, 11 YHWH lui-même précise que l'ensemble du rituel qu'il stipule à Israël est la ''Pâque à/pour YHWH'' ou la ''Pâque de YHWH'' : פֶּסַח הוּא לַיהוָה[1]. Il convient de mentionner que le pronom הוּא peut être traduit par une copule[2] : « C'est la Pâque... » ; mais vu sa position appositive, il peut aussi prendre un aspect restrictif[3] : « Cette Pâque *seulement*... ». Nous retrouvons le même type d'identification de la fête pascale en Mt 26, 2a. Ici, c'est Jésus lui-même qui détermine la chronologie des événements de l'histoire. Il annonce au seuil du récit de la Passion et laisse entendre que l'événement de sa Passion coïncide avec le temps de la fête de Pâque : « μετὰ δύο

---

[1] Sur la fonction de la préposition לְ, plusieurs thèses ont été soutenues. Ce sujet ne constituant pas l'objet de notre recherche, nous nous limitons à présenter quelques positions qui en sont discutées. D'emblée, l'usage de la préposition לְ dans ce verset exprime soit la valeur de possession, d'origine, d'agent ou de cause efficiente. Dans ce cas, elle indique une implication de YHWH à la première personne. En revanche, le sens lié à l'avantage, à la relation et au but semble suggérer que YHWH était le destinataire de l'action et non l'exécutant (cf. HALOT, II, 507-511 ; BDB, 510-518 ; DCH, IV, 479-485). Est-ce donc Israël qui a célébré YHWH pour être sauvé de la main de Pharaon, ou bien est-ce que c'est YHWH qui a préservé son peuple pour le faire sortir du pays par son passage visant à rendre justice à Israël contre les dieux égyptiens ? Il en ressort que le recours au texte des LXX n'aide pas à choisir l'une des deux possibilités. La forme utilisée en grec peut être comprise soit comme un complément de terme ou d'avantage, soit comme un objet direct si κυρίῳ est lu et interprété comme un datif de possession (cf. T. MURAOKA, *A Syntax of Septuagint Greek*, 812). Malgré cela, il y a aussi des témoins de langue grecque qui ont choisi de fournir une interprétation non ambiguë et ont transcrit carrément le datif de πασχα ἐστὶν κυρίῳ comme un véritable génitif (cf. A. L. BROOKE – N. MCLEAN, *The Old Testament in Greek*, 50). La *Nova Vulg.* reste également neutre et traduit Ex 12, 11 *est enim Pascha (id est Transitus) Domini!* où le génitif utilisé peut être compris et interprété comme subjectif ou objectif.

[2] Cf. HALOT, I, 241.

[3] Cf. HALOT, I, 241.

ἡμέρας τὸ πάσχα γίνεται ». La mention explicite de l'article τό définie et précise πάσχα, le nom auquel il se rapporte. Ce nom prend le sens anaphorique qui fait référence à une réalité supposée connue[1]. C'est-à-dire que cette Pâque renvoie à la Pâque connue, celle célébrée en Exode. Nulle part ailleurs dans l'évangile de Mt on ne parle de la Pâque sinon dans cette section sur la Passion (26, 2. 17. 18. 19). Cette mention particulière est significative.

Ensuite, il est question de *l'action significative de Dieu durant cette fête*. En Ex 12, 13c le sujet de la proposition est YHWH qui énonce à la première personne de l'inaccompli du verbe פסח son passage sur le peuple tandis qu'en Mt 26, 18b, c'est Jésus entant que sujet du verbe ποιέω [τὸ πάσχα] conjugué en la première personne du présent de l'indicatif actif qui fait annoncer à un tel (πρὸς τὸν δεῖνα) son intention de ''faire la Pâque''. Nous sommes sans ignorer que ποιέω τὸ πάσχα est une grécisation – depuis les textes des LXX – du syntagme sémitique עָשָׂה פֶּסַח (cf. Ex 12, 48 ; Dt 16, 1 ; Js 5, 10 ; 2R 21, 23 ; 2Chr 30, 1-2. 5 ; 2Chr 35, 1. 16-19 ; Esd 6, 19) qui se traduit tout simplement par « célébrer la Pâque » en conformité avec les prescriptions de l'Exode 12. Dans la traduction, le verbe ποιέω est pris pour ce qu'il a de poétique, c'est-à-dire ''fabriquer''. Il suggère un acte de création. Pour dire que dans les Écritures, les Pâques se succèdent mais elles ne se ressemblent pas. Le fond et la signification du rituel pascal étant le même, son interprétation peut dépendre du contexte autour duquel elle se célèbre, mais aussi des protagonistes qui l'accomplissent. L'autre indice référentiel c'est *la participation active du peuple d'Israël* à son propre salut, laquelle participation est notée dans les deux tableaux. Ex 12, 6b mentionne avec des termes assez clairs que le rituel

[1] Cf. BDR, 252[2].

de l’abattage de l’agneau qui concourt à la libération des Hébreux du joug égyptien ainsi que du péché de l’idolâtrie est accompli par toute l’assemblée de la communauté d’Israël : כֹּל קְהַל עֲדַת־יִשְׂרָאֵל. Pouvons-nous rappeler que cet abattage concernait l’agneau sans défaut, mâle, âgé d’un an. Cette figure de כֹּל קְהַל עֲדַת־יִשְׂרָאֵל semble transparaître dans l’expression πᾶς ὁ λαός de Mt 27, 25. Enfin, un autre élément susceptible à l’allusion que Mt aurait fait au texte de l’Ex serait *l’image du sang de l’agneau pascal qui couvre le peuple*. Le texte de l’Ex 12, 13a préfigure à travers la figure הַדָּם + עַל הַבָּתִּים ce qui semble s’accomplir en Mt 27, 25 dans la forme τὸ αἷμα + ἐφ’ ἡμᾶς καὶ ἐπὶ τὰ τέκνα ἡμῶν. Bien plus, en Ex 12, 13a comme en Mt 27, 25 הַדָּם et τὸ αἷμα constituent le sujet de la phrase alors que עַל הַבָּתִּים et ἐφ’ ἡμᾶς καὶ ἐπὶ τὰ τέκνα ἡμῶν forment dans chacune de ces propositions un complément circonstanciel de lieu.

En définitif, le rapport que la narration de l’Ex 12 semble instaurer avec la Passion en Mt fait émerger deux figures allusives. D’une part, il y a la Pâque de YHWH – son passage sur les maisons des Hébreux – qui sauve de l’esclavage et du péché de l’idolâtrie que l’on peut situer au même plan que la Pâque de Jésus – son passage de ce monde à son Père – qui sauve le peuple de l’esclavage du péché. D’autre part, nous trouvons le sang de l’agneau placé sur les maisons comme signe en vue d’épargner les familles des Hébreux de l’extermination. Cet acte correspondrait chez Mt à l’appel du peuple qui évoque le sang de Jésus sur « nous et sur nos enfants » – le sang de Celui dont le nom a la vocation de sauver le peuple de ses péchés. – Ici, nous considérons « nous et sur nos enfants » comme une métaphore de la famille, disons, des habitants d’une maison. Au terme de cette analyse nous pouvons donc suggérer deux figures allusives dans la narration de l’Ex 12, 5-7. 11. 13 et celle de Mt 26, 2 ; 27, 17. 25. Il pourrait s'agir de la figure narrative du *''passage rédempteur''* et du *''signe salvifique''*.

Nous allons à présent comparer la formule « τὸ αἷμα αὐτοῦ ἐπί » suivi d'un pronom personnel ou d'un autre objet direct ou indirect à des formules équivalentes de l'AT pour déterminer son sens premier avant de définir sa signification dans le contexte de la Passion selon Mt. Cette brève analyse préparera notre discours sur les opérations juives de la transformation des hypotextes vétérotestamentaires que Mt opère dans la partie centrale du récit de la Passion.

3.2. L'expression « τὸ αἷμα αὐτοῦ ἐφ' ἡμᾶς καὶ ἐπὶ τὰ τέκνα ἡμῶν » dans l'Écriture

L'influence sémitique n'est pas seulement en jeu par la langue d'un texte ; elle l'est aussi par l'idée, surtout religieuse, que ce texte véhicule[1]. Au-delà de sa formulation grecque, la phrase du peuple telle qu'exprimée en Mt 27, 25 ne coïncide avec aucune autre formule explicite du même genre que l'on trouve dans un procès criminel de l'AT. Mais son fond renvoie quand même à des amulettes verbales d'origine sémitique qui traduisent, au sens strict, l'idée juive de la responsabilité juridique de la sphère du sang qu'un homme porte sur lui. Autrement dit, dire que « Son/ton sang retombe sur sa/ta tête » (cf. Lv 20, 9-16 ; 2S 1, 16 ; 3, 28-29 ; 1R 2, 33. 37 ; Jr 26, 15 ; 51, 35 ; Ez 18, 13 ; 33, 4-5) signifie dans le contexte vétérotestamentaire le sang de *x* sur la tête de *y* ou le sang de *x* sur la tête de *x*. Cela veut dire que *x* prend la responsabilité du sang de *y* ou bien *x* porte la responsabilité de son propre sang. Selon ces occurrences vétérotestamentaires, cette formule juridique semble

[1] Cf. M.-J. LAGRANGE, *Évangile selon saint Matthieu*, xcix.

sanctionner des actes et comportements qui transgressent le 4e, le 5e, le 6e et le 8e commandements du décalogue : « Honore ton père et ta mère » (cf. Ex 20, 12 ; Dt 5, 16), « Tu ne tueras point » (cf. Ex 20, 13 ; Dt 5, 17), « Tu ne commettras point d'adultère » (cf. Ex 20, 14 ; Dt 5, 18), « Tu ne témoigneras pas faussement contre ton prochain » (cf. Ex 20, 16 ; Dt 5, 20). Dans ce sens, la formule est imprécatoire de sorte que celui qui déshonore ses parents, qui tue son prochain, commet l'adultère et fait un faux témoignage contre son frère – qui ensuite est mis à mort – porte la responsabilité du sang de la victime ou porte la responsabilité de son propre sang sur lui-même. Bref, assume les conséquences de son acte.

Il est tout de même possible de rapprocher – moyennant des liens thématiques ou lexicaux – Mt 27, 25 de Lv 20, 9-16 ; 2S 1, 16 ; 3, 28-29 ; 1R 2, 33. 37 ; Jr 26, 15 ; 51, 35 ; Ez 18, 13 ; 33, 4-5 même si ces passages ne semblent pas avoir fourni un modèle littéraire réel à Mt et une structure identique sur lesquels le récit de Mt 27, 25 se serait construit. Nous voulons dire qu'en analysant formellement Mt 27, 25 nous ne trouvons pas la structure syntaxique précise qui le rapprocherait de passages de l'AT repris ci-dessus en dépit de quelques similitudes lexicales. Ceci dit, considérons *A* comme le sujet de l'imprécation, *B* comme la victime ou l'offenseur et *C* comme l'auteur du meurtre. Les passages de l'AT repris ci-haut seront des types suivants :

- *Cas du meurtre :*

Type de construction	TM	LXX	Formule
A dit : « Le sang de *B* sur *C* » Cf. 2S 3, 28-29 ; 1R 2, 33	וְשָׁבוּ דְמֵיהֶם בְּרֹאשׁ יוֹאָב וּבְרֹאשׁ זַרְעוֹ לְעֹלָם (1R 2, 33)	καὶ ἐπεστράφη τὰ αἵματα αὐτῶν εἰς κεφαλὴν αὐτοῦ καὶ εἰς κεφαλὴν τοῦ σπέρματος αὐτοῦ εἰς τὸν αἰῶνα	*Son, leur* sang/le sang de *x* sur la tête de *y*.
A dit : « Le sang de *C* sur *C* » Cf. 1R 2, 32	דָּמוֹ עַל־רֹאשׁוֹ (1R 2, 32)	τὸ αἷμα τῆς ἀδικίας αὐτοῦ εἰς κεφαλὴν αὐτοῦ	*Son* sang sur *sa* tête.
A dit : « Le sang de *C* sur *C* » Cf. 2S 1, 16	דָּמֶיךָ [דָּמְךָ] עַל־רֹאשֶׁךָ	Τὸ αἷμά σου ἐπὶ τὴν κεφαλήν σου	*Ton* sang sur *ta* tête.
A dit : « Le sang de *A* sur *C* » Cf. Jr 26, 15 (LXX 33, 15) ; 51, 35 (LXX 28, 35)	וְדָמִי אֶל־יֹשְׁבֵי כַשְׂדִּים (Jr 51, 35)	καὶ τὸ αἷμά μου ἐπὶ τοὺς κατοικοῦντας Χαλδαίους	*Mon* sang sur *toi*/*vous*.

- *Cas de l'offense :*

A dit : « Le sang de *B* sur *B* »			
Cf. Lv 20, 9-16 ; Ez 18, 13 ; 33, 4-5	דָּמָיו בּוֹ יִהְיֶה (Ez 18, 13)	τὸ αἷμα αὐτοῦ ἐπ' αὐτὸν ἔσται.	*Son* sang sur *sa* tête.
Cf. Js 2, 19c	דָּמוֹ בְרֹאשׁוֹ (Js 2, 19c)	ἔνοχος ἑαυτῷ ἔσται	Il sera coupable [pour lui] = *Son* sang sur *sa* tête.
Cf. 1R 2, 37	דָּמְךָ יִהְיֶה בְּרֹאשֶׁךָ (1R 2, 37)	τὸ αἷμά σου ἔσται ἐπὶ τὴν κεφαλήν σου.	*Ton* sang sur *ta* tête.

Nous nous apercevons finalement que le sens exact de la formule « Son/ton sang sur sa/ta tête » – qui, à bien des égards, pourrait bien avoir été d'abord une formule de conjuration avant de devenir une formule juridique – ne se comprend pas à première vue comme une malédiction[1]. La formule se limite à établir la responsabilité personnelle du sujet. Cette compréhension juive de la notion de la responsabilité est aussi élucidée dans le NT en Ac 5, 28 ; 18, 6 ; 20, 26, etc[2]. Nulle part, jusque-là, nous n'avons vu

[1] Cf. V. MORA, *Le refus d'Israël : Matthieu 27, 25*, (LD 124), 27.

[2] Toutefois, la réaction des apôtres et des premiers chrétiens après la mort et la résurrection de Jésus n'est pas allée dans le sens à condamner les Juifs, à leur imposer une malédiction. Plutôt, les termes employés par Pierre en Ac 2, 14. 22. 29. 37 tels que ἄνδρες Ἰουδαῖοι καὶ οἱ κατοικοῦντες Ἰερουσαλὴμ πάντες, Ἄνδρες Ἰσραηλῖτα, Ἄνδρες ἀδελφοί sont des titres respectueux à l'égard des Juifs. Ces titres étaient en usage à l'époque. Cf. H. KOSMALA, « His Blood on Us and

le cas d'un sujet *A* assumer la responsabilité du sang d'autrui[1]. Dans le cas où le sujet est lui-même impliqué dans la formule qu'il prononce : « *Son* sang sur *ma* tête », il insinue par là le fait d'être témoin ou sujet passif mais conscient d'un meurtre sans forcément être agent principal du meurtre ou de l'offense qui est commis sous ses yeux. Cela questionne jusqu'où va la responsabilité d'un sujet dans un meurtre. Nous reviendrons plus tard sur cet aspect quand nous évoquerons Js 2, 19. Toujours est-il qu'à ce niveau de responsabilité, c'est-à-dire de la prise en charge d'un acte, les conséquences dépendent tout autant du contexte dans lequel la responsabilité est engagée que de la motivation ou de l'intention qui meut le sujet, auteur de la formule : est-il un sujet actif ou un sujet passif dans le meurtre ? En d'autres termes, pour reprendre le langage littéraire, est-il adjuvant ou opposant ? S'il est un adjuvant, il est clair que la formule le charge. Dans le cas où le sujet serait un opposant, cette formule traduit l'incapacité du sujet à empêcher l'acte de se commettre ; d'où la formule sera une conjuration qui sert en réalité aux fins déprécatives qui prémunit l'auteur de la formule du vengeur de sang. C'est ici que se situe l'ironie matthéenne, celle d'une "heureuse faute" ! En fait, le salut profite à celui qui, visiblement pour s'être opposé au meurtre, accepte le bénéfice du sang versé.

Cette piste d'interprétation est aussi suggérée par Grégory Baum qui atteste que quelques savants juifs, conscients de l'effet malfaisant de tant de commentaires chrétiens sur « son sang sur nous et sur nos enfants », ont

---

our Children (The Background of Matt. 27, 24-25) », *AST* I7, 119. Bref, Dieu n'a pas rejeté Israël qui subsiste dans le peuple de son Fils (cf. Rm 11, 1-10) parce que la promesse est pour eux, pour leurs enfants, et pour tous ceux qui sont au loin, en aussi grand nombre que le Seigneur Dieu les appellera. (Cf. Ac 2, 38).

[1] Cf. J. GNILKA, *Das Matthäusevangelium*, II, 458.

tenté de proposer une nouvelle interprétation de Mt 27, 25. Ils arrivent à la conclusion que l'expression « *son* sang retombe sur *sa* tête » tel que retrouvée dans l'AT signifie que la personne accusée est coupable et mérite la punition, alors que « *son* sang retombe sur *nos* têtes » signifie que la personne en question est innocente, qu'elle ne doit pas être châtiée, et que quiconque la touche provoque la colère de Dieu. Selon cette analyse, poursuit Baum, la foule juive criant : « *Son* sang sur *nous* et sur *nos* enfants » manifeste en réalité une défense de la culpabilité de Jésus. Par ce cri, elle le déclarerait innocent, et souhaiterait éviter sa condamnation, de peur que la faute n'en retombe sur elle. Car, si la foule avait voulu hâter la condamnation de Jésus, elle aurait crié : « *Son* sang retombe sur *sa* propre tête », c'est-à-dire l'homme est coupable, il mérite la mort. Pour Baum, cette interprétation inhabituelle n'est pas impossible, ni même improbable, d'un point de vue littéraire[1]. Nous reviendrons sur cet aspect.

Nous avons affirmé que, jusque-là, aucun texte de l'AT repris ci-haut ne corrobore formellement la structure de Mt 27, 25. Cependant, dans le cadre du meurtre, le texte de Js 2, 19 nous semble intéressant. Sa construction s'apparente à cette de Mt 27, 25 :

A dit : « Le sang de *B* sur *A* » Cf. Js 2, 19	דָמוֹ בְרֹאשֵׁנוּ	ἡμεῖς ἔνοχοι ἐσόμεθα	Nous serons coupables [pour lui] = *Son* sang sur *nous*.

Le texte de Js 2, 19 nous situe dans le cadre d'un contrat. Comme nous le voyons, les Lxx ne traduisent pas servilement le Tm mais expliquent par une phraséologie que la circonlocution hébraïque « *son* sang

[1] Nous tenons l'essentiel de ce paragraphe de G. Baum, *Les Juifs et l'Évangile*, (LD 41), 87-88.

sur *nos* têtes » signifie tout simplement : « nous sommes coupables » ; entendu que la tête indique ici toute la personne. On ne pourrait pas objecter que sur le plan morphologique et syntaxique ἐπί de Mt 27, 25 correspondrait plutôt à עַל de 2S, 1, 16 ; 1R 2, 32 ou à אֶל de Jr 51, 35 qu'à la préposition ב du TM de Js 2, 19. Mais puisque la préposition ב mise en association avec un nom indiquant un objet élevé (têtes) se traduit aussi par ''sur''[1], il en résulte que l'équivalence entre עַל, אֶל et ב soit possible. Cela étant, la correspondance structurelle entre Js 2, 19 et Mt 27, 25 semble bien fonctionner. À voir de plus près, même la sentence utilisée en Js 2, 19 « son sang sur… » est repris dans son sens originel, c'est-à-dire qu'elle exprime l'idée de la responsabilité juridique de la sphère du sang qu'un homme prendrait sur lui au cas où la victime serait innocente. Dans le contexte de Js 2, 19 c'est toute l'armée israélite qui en assumera la responsabilité. Le seul élément nouveau introduit par Js 2, 19 par rapport à ses références proches dans l'AT c'est le changement de pronoms ךָ, וֹ, הֶם à נוּ qui, à notre avis, entraîne d'autres conséquences dans la mesure où cette structure serait reprise dans le contexte narratif de la Passion chez Mt. Il reste qu'à ce niveau d'analyse, Js 2, 19 reste quand même un parallèle formel mais pas sémantique proche de Mt 27, 25[2].

Est-ce que cela veut dire que la reprise de la structure formelle de Js 2, 19 en Mt 27, 25 transpose également le sens de l'hypotexte à l'hypertexte ? Sans doute pas, puisque Mt dans sa liberté d'auteur ajoute à son hypotexte des éléments textuels tirés d'autres hypotextes et contextes différents. Il s'agit de לָנוּ הוּא וּלְבָנֵינוּ (cf. Gn 31, 16), de אֹתִי וְאֶת־בָּנַי (cf. Ex 17, 3) / ἡμᾶς καὶ τὰ τέκνα ἡμῶν « nous et

[1] Cf. HALOT, I, 104.

[2] Cf. H. KOSMALA, « His Blood on Us and our Children (The Background of Matt. 27, 24-25) », *AST* I7, 99.

nos enfants », et dans une certaine mesure 2R 9, 26. Il s’agirait aussi de וְאֶל כָּל־בֵּית אָבִיו (cf. 2S 3, 29), de וּבְרֹאשׁ זַרְעוֹ לְעֹלָם (cf. 1R 2, 33) / καὶ εἰς κεφαλὴν τοῦ σπέρματος αὐτοῦ εἰς τὸν αἰῶνα « lui et sa maison, sa descendance/sa progéniture ». Cet ajout de Mt, loin d’étendre la malédiction sur toutes les générations comme le souligne Raymond Brown[1], insiste plutôt sur la notion de la famille (nous et nos enfants), élément fondamental dans le récit de l’institution de la Pâque en Ex 12, 1-14. Pour Mt, cet ajout signifie que les enfants ou la maison sont intimement liés au sort ou au destin du sujet auteur de la formule. Et comme l’individu en Orient ne fait qu’un avec sa famille, celle-ci porte à sa suite les conséquences de la responsabilité qu’un de ses membres assume en tant que tel[2].

Nous attestons, avec Vincent Mora, pour avoir séjourné quelque temps à Jérusalem qu’« en Orient l’individu n’est jamais seul. Il appartient à une lignée ; il est le fils de tel ou de tel ; il appartient à un groupe, à une famille, à un clan, à une tribu, à un peuple »[3]. C’est dans ce sens que la formule « sur nous et sur nos enfants » est à comprendre comme une formule technique qui désigne la famille ou la communauté du peuple[4] bien que les coutumes d’hier ne soient pas forcément celles d’aujourd’hui. Pour Mora, quand un Arabe, par exemple, prononce la formule « son sang sur nous »[5], il veut dire que ‘‘je ne suis pas responsable de cette mort’’. Et si j’ai mal agi, si j’ai versé un sang innocent, que Dieu me punisse, moi et mes

---

[1] Cf. R. E. Brown, *La mort du Messie. Encyclopédie de la Passion du Christ*, 929.

[2] Cf. V. Mora, *Le refus d’Israël : Matthieu 27, 25*, (LD 124), 27-28.

[3] V. Mora, *Le refus d’Israël : Matthieu 27, 25*, (LD 124), 32-33.

[4] Cf. V. Mora, *Le refus d’Israël : Matthieu 27, 25*, (LD 124), 31.

[5]Cf.https://www.copticchurch.net/bible?r=Matthew+27&version=SVD&showVN=1 consulté mercredi 26 avril 2023 à 14h25’ : « دَمُهُ عَلَيْنَا وَعَلَى أَوْلاَدِنَا» (*Damaho aleina u ala auladina*).

enfants et les enfants de mes enfants[1]. Dans le cas de Mt, nous avons émis l'hypothèse que le peuple comme personnage à part entière de la Passion est à l'opposé de la volonté des grands prêtres et anciens (cf. Mt 26, 5) qui cherchent la mort de Jésus en entraînant les foules derrière eux (cf. Mt 26, 55 ; 27, 15. 20). Nous suggérons cette hypothèse en vue de lire distinctement les actions de chaque personnage dont l'identification présente une certaine équivocité dans cette partie de la Passion. Ne considérant que Mt 27, 11-26, nous voulons examiner brièvement le caractère de chaque personnage apparaissant dans la trame narrative du procès romain ainsi que leur interaction afin de déterminer les actions que pose chacun d'entre eux. Nous observerons que dans les interactions des personnages dans la dynamique du procès, il apparaît clairement que ὄχλος avec οἱ ἀρχιερεῖς καὶ οἱ πρεσβύτεροι sont pris ensemble comme des interlocuteurs de Pilate et sont distinctement différents, dans leur agir, de πᾶς ὁ λαός. Le narrateur lui-même ne les considère pas comme des synonymes.

---

[1] Cf. V. MORA, *Le refus d'Israël : Matthieu 27, 25*, (LD 124), 29.

Jésus	Barab-bas	Pilate	Femme de Pilate	Foule +	Grands prêtres et anciens	= Ils/vous	Peuple
devant *Pilate.* v.11 (telling)		*x*					
x *x*		-interroge *Jésus.* v.11 (telling) - Es-*tu* le roi des Juifs ? v.11 (showing)					
Tu le dis. v.11 (showing)		*x*					
x					accu-sent *Jésus.* v.12 (telling)		
garde le silence. v.12 (telling)							
x *x1*		- dit à *Jésus.* v.13 (telling) - N'entends-*tu* pas ce qu'*ils* disent. v.13 (showing)				*x2*	
garde le silence. v.14 (telling)							
		- étonné. v.14 (telling) - privilegium paschale à la *foule.* v. 15 (telling)		*x*			
	Prison-nier fameux. v.16 (telling)						
x3	*x2*	-*leur* dit. v.17 (telling) -Lequel voulez-*vous…Barabbas* ou *Jésus* ? v.17 (showing)				*x* *x1*	
x2		-sait qu'*ils l'*ont livré par jalousie. v.18 (telling) -siège au tribunal. v.19 (telling)				*x1*	

x2		*x* *x1*	-*lui* fait dire v.19 (telling) -Ne *te* mêle pas à l'affaire de *ce juste.* v.19 (showing)				
x3	*x2*			*x1*	Persuadent *les foules* à demander *Barabbas* et à faire périr *Jésus.* v.20 (telling)		
x1	*x1*	-prend la parole et *leur* dit. v.21 (telling) -Lequel *des deux* voulez-*vous…* v.21 (showing)				*x* *x2*	
	x					-répondent. v.21 (telling) -*Barabbas.* v.21 (showing)	
x		-*leur* dit. v.22 (telling) - Que ferais-je de *Jésus.* v.22 (showing)				*x*	
x						-répondent tous. v.22 (telling) -Qu'*il* soit crucifié. v.22 (showing)	
x		-reprit. v.23 (telling) - Quel mal a-t-*il* fait ? v.23 (showing)					

x						-crient plus fort. v.23 (telling) -Qu'*il* soit crucifié. v.23 (showing)	
x1		-n'aboutit à rien, se lave les mains devant *la foule* en disant… v.24 (telling) -Je suis innocent de *ce sang*. À *vous* de voir ! v.24 (showing)		*x*		*x2*	
x							-dit. v.25 (telling) -*Son sang* sur nous et sur nos enfants. v.25 (showing)
x3	*x2*	Après, (τότε[1]) il *leur* relâcha *Barabbas* ; quant à *Jésus*…il *le* livra pour qu'*il* soit crucifié. v.26 (telling)				*x1*	

D'après ce schéma actantiel du procès romain, si l'on veut attribuer le même sens du substantif λαός[2] au terme ὄχλος présenté en phase avec οἱ ἀρχιερεῖς καὶ οἱ πρεσβύτεροι, cela reviendrait à dire que Mt ne fait aucune distinction sémantique voir théologique entre ὄχλος et λαός. C'est aussi affirmer que c'est ‘‘tout le peuple’’ qui prend sur lui la responsabilité de la mort de Jésus dont le sang doit être venger selon la logique vétérotestamentaire

[1] Pour BDAG, 1012-1013, cet adverbe de temps est un favori de Mt dans le NT. Il l'utilise environ 90x contre 6x en Mc et 15x en Lc. Employé dans un discours au passé, il peut se traduire comme ‘‘alors’’. Il peut aussi introduire la séquence successive dans le temps dans un récit. Dans ce cas, il se traduira par ‘‘après’’.

[2] Λαός 14 occurrences contre 46 occurrences de ὄχλος en Mt.

de la sphère du sang[1]. Cette interprétation est plausible, mais pas apodictique et définitive. Elle se comprend surtout quand on tente une explication étiologique à la destruction du Temple et de tout Jérusalem en 70 de notre ère par l'armée de Titus. Mais comment expliquer que Mt utilise dans une même péricope trois termes différents : ὄχλος, αὐτοί (c'est-à-dire ὄχλος + οἱ ἀρχιερεῖς καὶ οἱ πρεσβύτεροι) et λαός pour décrire une même réalité : πᾶς ὁ λαός, alors que "tout le peuple" ne pouvait être présent au prétoire ?[2] Le v. 25 constituant un matériel propre de Mt, le passage lexical qu'il fait au terme λαός ne serait-il pas théologiquement intentionnel en fonction du plan narratif de l'ensemble de l'évangile (cf. Mt 1, 21) ? Depuis plus de trois décennies des études ont souligné que c'est ne pas à "tout le peuple" Juif qu'il faut demander le compte du sang de Jésus[3]. D'ailleurs, cette attitude ne semble pas avoir caractérisé les chrétiens de la première génération comme nous avons essayé de le présenter précédemment. Étant eux-mêmes Juifs et pour avoir connu, ensemble avec les Juifs de la synagogue, les mêmes affres de la destruction du Temple, les premiers chrétiens ne pouvaient pas, nous semble-t-il, charger le peuple juif d'une telle responsabilité. Ou bien il faudra

---

[1] Cf. R. E. BROWN, *La mort du Messie. Encyclopédie de la Passion du Christ*, 928-930.

[2] Si l'on admet que l'association de ces trois termes dise la même chose, nous serons conduits à chercher les éventuelles raisons pour lesquelles ils sont interprétés. Pour l'interprétation juive de l'Écriture, quand un verset emploie deux ou trois expressions pour dire la même idée, c'est que deux de ces expressions ont en fait un sens caché que le *midrash* doit dégager par son activité interprétative. Cf. J. COSTA, *La Bible racontée par le midrash*, 6.

[3] Cf. H. G. REVENTLOW, « "Sein Blut komme uber sein Haupt." », *VT* 10, 327 ; W. SANDERS, « Das Blut Jesu und die Juden. Gedanken zu Matt. 27, 25 », *Una Sancta* 27, 170 ; T. B. CARGAL, « "His Blood be Upon Us and Upon our Children" : A Matthean Double Entendre? », *NTS* 37, 109-110.

dire que le vocable πᾶς ὁ λαός de Mt intègre sa communauté[1], c'est-à-dire ''le peuple de Jésus'' qui, connaissant bien la mission de Jésus qui consistait à sauver ''son peuple'' de ses péchés « σώσει τὸν λαὸν αὐτοῦ ἀπὸ τῶν ἁμαρτιῶν αὐτῶν » (Mt 1, 21) aurait acquiescé ironiquement sa condamnation espérant être sauvé par le sang que Jésus verserait sur lui. Ou carrément lire le double-sens que כָּל־הָעָם (cf. Ex 11, 8 ; 18, 14 ; 19, 8 et Gn 23, 11-13 ; Ex 19, 5 ; 23, 27) rendu en πᾶς ὁ λαός peut vouloir suggérer. Il faudra donc chercher le sens que Mt attribue au personnage ''tout le peuple'' dans l'ensemble de son évangile.

En réalité, on pourrait dire que le peuple ne se dit pas ''de fait'' responsable de la mort de Jésus. Mais comme témoin impuissant de l'événement, Mt lui aurait appliqué les conséquences inverses du parjure d'un faux témoin lors d'un procès capital selon la prescription d'une vieille *mishna*[2]. Le fait de se reconnaître innocent de la mort d'un

---

[1] Cf. G. MICHELINI, *Il sangue dell'alleanza e la salvezza dei peccatori. Una nuova lettura di Mt 26 – 27*, (AnGr 306), 378-379. Voir aussi U. LUZ, *Matthew 21 – 28*, 501.

[2] Cf. *Sanh.* 4, 5. Cette *mishna* date probablement des dernières décennies de l'époque du Second Temple. Elle traite de la question des témoins dans une affaire capitale où la vie d'une personne est en jeu et où la réparation n'est plus possible. Dans ce cas, le témoin est tenu de dire la vérité. Pourtant, cette exigence ne peut être imposée et les juges n'ont aucune garantie que le témoin sera véridique. Le seul moyen de l'inciter à dire la vérité est de lui rappeler que s'il fait une fausse déclaration, ''son sang (celui du condamne et celui de ceux qui serait née de lui) pendraient sur lui (sur le faux témoin) jusqu'à la fin du monde''. S'il est avéré que Mt aurait réemployé à l'inverse les conséquences de ce passage de la *Mishna* sur le peuple, cela veut dire que ce peuple qui prend parti, avec raison, pour Jésus bénéficiera jusqu'à la fin du monde des effets de la protection du sang que cet innocent verse. Cela nous apprend également que l'ancienne formule vétérotestamentaire « son sang sur… » était encore très connue à l'époque de Jésus, et qu'elle était toujours en usage, bien que son sens

individu en conjurant le sort de son sang sur soi est consigné dans la littérature juive tardive. Le *Pirqe de Rabbi Éliézer* atteste que lorsque les compagnons de bord ont voulu jeter Jonas à la mer, ils ont dit : « Dieu du monde, YHWH, ne fait pas venir sur nous le sang innocent ; parce que nous ne savons pas ce qu'est cet homme »[1].

Le texte de l'Ex 17, 3 que nous avons évoqué ci-dessus à propos de l'ajout « nous et nos enfants » mérite que nous lui prêtions attention. Dans ce texte, le narrateur décrit un événement où le peuple (ὁ λαός) agit en tant que sujet ayant le souci de préserver les familles de la soif au désert. Cet aspect soulignant le souci de préservation d'une génération convient pour évoquer le contexte de Mt 27, 25 où le même terme ὁ λαός appelle le sang de Jésus sur lui et sur ses enfants dans la visée de préservation. Dans tout l'évangile de Mt c'est la première fois que la parole est accordée de façon explicite au peuple qui intervient pour émettre un avis. Cette intervention du peuple, qui profite aux individus qui le constituent et qui est au bénéfice de leurs enfants, rappelle probablement, dans le contexte pascal de l'évangile de Mt, le récit de l'Ex 12, 1-14 où autrefois les familles (nous et nos enfants) de toute l'assemblée d'Israël : כָּל־עֲדַת יִשְׂרָאֵל / πᾶσαν συναγωγὴν υἱῶν Ισραηλ (cf. Ex 12, 3), dans un acte liturgique ordonné par YHWH prenaient le sang de l'agneau sur elles en vue de se préserver de l'ange exterminateur. La traduction que le *Tg. Neof.* fait du proto-massorétique de l'Ex 12, 13 souligne à juste titre la compréhension qui se dégage du sang qui doit être mis sur les montants et les linteaux des maisons – dans laquelle se trouve une famille : « nous et nos enfants ». Ce sang envoie un signal

---

aurait connu une évolution. Cf. H. KOSMALA, « His Blood on Us and our Children (The Background of Matt. 27, 24-25) », *AST* I7, 110.

[1] Cf. *Pirqe R. E.*, 10, 9.

au *Memra YHWH* afin de défendre la famille qui s'en est couvert[1].

TM Ex 12, 13
וְהָיָה הַדָּם לָכֶם לְאֹת עַל הַבָּתִּים אֲשֶׁר אַתֶּם שָׁם וְרָאִיתִי אֶת־הַדָּם
וּפָסַחְתִּי עֲלֵכֶם וְלֹא־יִהְיֶה בָכֶם נֶגֶף לְמַשְׁחִית בְּהַכֹּתִי בְּאֶרֶץ מִצְרָיִם׃

Tg. Neof. Ex 12, 13
ויהוי אדמה לכון לסימן על בתייה די אנון שריין תמן ואחמי ית
אדמיה ואפסח *ואגן* במימרי עליכון ולא יהווי בכון מותא מחבל בקטלותי
כל בכוריא בארעא דמצרים:[2]

Lxx Ex 12, 13
καὶ ἔσται τὸ αἷμα ὑμῖν ἐν σημείῳ ἐπὶ τῶν οἰκιῶν, ἐν αἷς ὑμεῖς ἐστε ἐκεῖ, καὶ ὄψομαι τὸ αἷμα καὶ σκεπάσω ὑμᾶς, καὶ οὐκ ἔσται ἐν ὑμῖν πληγὴ τοῦ ἐκτριβῆναι, ὅταν παίω ἐν γῇ Αἰγύπτῳ.

Nous pouvons donc émettre l'hypothèse que la phrase de ''tout le peuple'' est une formule déprécative. Cette amulette verbale fonctionne de la manière suivante : dans le cas où le condamné est innocent, c'est-à-dire sans défaut[3], ce qui est le cas pour Jésus, son sang est invoqué comme dans un rite apotropaïque pour conjurer le malheur dû à la vengeance de son sang innocent. Tous les motifs hypertextuels sont finalement réunis pour parler d'un possible trait allusif de Ex 12, 13 en Mt 27, 25.

---

[1] Cf. *Tg. Neof.* Ex 12, 5 ; *Frg. Tg.*, KLEIN, I, 209 ; *M^ekh. R. I. Pisḥa* 4, 3 ; *y. Pessaḥ.* 9, 5.

[2] « Le sang sera pour vous un signe sur les maisons où ils *habitent* ; je verrai le sang et je passerai, et *moi, dans ma Memra, je* vous *défendrai*, et il n'y aura pas de *mort* dévastatrice parmi vous quand je tuerai *tous les premiers-nés* dans le pays d'Égypte » (Notre traduction).

[3] Cf. *Tg. Neof.* Ex 12, 13 ; *Frg. Tg.*, KLEIN, I, 211 ; *M^ekh. R. I. Pisḥa* 11, 90-92 ; 7, 86-93 ; *Ex R.* 15, 12.

3.3. Interprétation juive de l'Ex 12, 5-7. 13 et sa lecture dans le contexte de Mt 27, 25

Nous avons déjà présenté les deux figures qui unissent Ex 12, 5-7. 13 à Mt 27, 25. Le deux textes évoquent sans doute les figures d'un *''passage rédempteur de YHWH''* qui procure le salut en fonction du sang, *''signe salvifique sur le peuple''*. Comme tout texte qui puise aux sources de l'histoire, celui de la Passion selon Mt aurait fait appel à ces deux figures de son monde naturel[1]. Les figures narratives des épisodes vétérotestamentaires servent énormément à Mt pour construire un sens qui se situe au-delà de l'information naturelle des faits[2]. Cette théorie permet d'étudier le facteur du rapprochement du texte de Mt à celui de l'Ex ; ses énoncés ainsi que ses référents.

Pour Jacques Geninasca, les figures – pièces maîtresses du langage figuratif articulé – représentent des virtualités en réseau. Elles forment ce lieu particulier où s'inscrivent non seulement les configurations du monde naturel, mais également des valeurs impressives, et surtout où peuvent se conjoindre plusieurs isotopies que le savoir commun *a priori* sépare. Il est, dès lors, possible d'établir des relations de coréférence entre figures et de reconnaître les ''transformations'', au sens d'opérations sémantiques portant sur les investissements des figures considérées[3]. C'est ce qui semble se produire dans le texte de Mt quand ces deux figures appellent celles de l'Exode. À travers

[1] Cf. S. WÜTHRICH, *Naître de mourir. La crucifixion de Jésus dans l'Évangile de Matthieu. Lecture sémiotique*, 23.

[2] Cf. A. J. GREIMAS – J. COURTES, *Sémiotique. Dictionnaire raisonné de la théorie du langage*, 120. Voir S. WÜTHRICH, *Naître de mourir. La crucifixion de Jésus dans l'Évangile de Matthieu. Lecture sémiotique*, 22.

[3] Cf. J. GENINASCA, *La Parole littéraire*, 25-26. Voir S. WÜTHRICH, *Naître de mourir. La crucifixion de Jésus dans l'Évangile de Matthieu. Lecture sémiotique*, 23.

elles, nous pourrons dire que Mt écrit la Passion de Jésus avec et dans les termes des passages de l'AT. Autrement dit, dans le récit synoptique de la Passion de Jésus, Mt opère une transformation à l'événement vécu de la Passion par la signification qu'il lui donne en se servant des référents du récit fondateur de la libération des Hébreux de l'Égypte. En Mt, la nouvelle Pâque de Jésus construit son lien allusif avec l'ancienne au moyen de quatre vocables clés : πάσχα, αἷμά, λαός et ἡμᾶς καὶ τὰ τέκνα ἡμῶν[1] dont les références vétérotestamentaires sont enchâssées dans le récit de l'Exode.

Nous résumons dans les lignes qui suivent l'interprétation que la littérature rabbinique offre à la lecture d'Ex 12, 1-14. Ce texte dont quelques indices thématiques sont devenus, dans l'activité rédactionnelle de Mt, une allusion qui explique le sens de la mort de Jésus et le sort du peuple qu'il est venu racheter.

- ***La lecture du texte dans la perspective d'Ex 12, 5-7. 13***

Le récit de la sortie d'Égypte constituant l'*haggadah* pascale juive a depuis longtemps retenu l'attention des sages d'Israël qui l'ont commenté de diverses manières. Deux parties composent ce récit fondateur : la stipulation de YHWH sur la célébration de la Pâque (12, 1-20) et la transmission par Moïse des prescriptions pascales au peuple (12, 21-28). La plupart de commentaires de ce texte retiennent que la nuit pascale marque un tournant décisif dans l'histoire juive puisqu'elle sépare le long cauchemar précédent de l'esclavage de la saga imminente de la rédemption d'Israël[2]. La rédemption qu'elle annonce

---

[1] L'ellipse narrative de l'agneau dans le récit de la Cène de Mt (26, 26-29) est remarquablement significative.

[2] Cf. N. LEIBOWITZ, *Studies in Shemot (Exodus)*, I, 195.

est vue aussi bien sur le plan politique que dans son aspect religieux. Quant à ce dernier, il faut dire que dans le texte, Israël a été appelé à accomplir des actions qui symbolisent non seulement le changement de sa position politique de vassal : de la servitude à la liberté, mais aussi sa transformation spirituelle de l'esclavage culturel et religieux à l'acceptation du vrai Dieu[1].

Pour accéder à un tel niveau de signification du texte, l'activité interprétative juive se départit de la lecture ''simple'' qui offre un sens immédiat et littéral de l'Écriture pour s'ouvrir à une lecture qui intègre, dans son approche des textes, certaines techniques des opérations midrashiques. Ce mode de compréhension de l'Écriture ouvre au sens profond des textes à ses niveaux de signification multiple[2]. Les étudiants de la *Torah* savent que les répétitions, dans un texte, posent des difficultés mais ouvrent en même temps une infinité de significations. « Quand un verset emploie trois expressions pour dire la même idée, c'est que deux de ces expressions ont en fait un sens caché que le *midrash* doit dégager par son activité interprétative »[3]. L'une de ces opérations midrashiques se réalise à l'intérieur même du texte d'Ex 12. Cela prouve que la Bible s'interprète elle-même.

En effet, le v. 21 qui commence la seconde partie du récit de l'Ex 12 contient la clé de voûte de l'ensemble de ses deux parties. Afin d'apporter un éclaircissement sur le

---

[1] Cf. N. LEIBOWITZ, *Studies in Shemot (Exodus)*, I, 195.

[2] Pour J. COSTA, *La Bible racontée par le midrash*, 6 « les rabbins comparent souvent la Bible à un rocher qui contient dans ses profondeurs une eau d'une grande pureté, mais pour accéder à cette eau, il faut d'abord briser le rocher et pénétrer son écorce et sa surface ».

[3] J. COSTA, *La Bible racontée par le midrash*, 7. Alors que pour les modernes la répétition des mots viole la règle universelle du langage, pour les sémites partout où un substantif est répété, il revêt une signification sémantique particulière.

sens du verbe לקח dont la répétition en Ex 12, 3. 4. 5. 7 n'est pas anodine, le rédacteur de l'Ex 12, 21 lève l'équivoque d'une telle répétition au moment où Moïse transmet les prescriptions de YHWH aux anciens d'Israël et précise la modalité de la prise de l'agneau. Selon le TM, en réalité, la prise de l'agneau exprimée répétitivement par le verbe לקח consisterait donc à poser deux actions consécutivement distinctes : משך et לקח. Au *qal*, ces verbes signifient respectivement : « saisir, emporter, tirer, traîner, arracher. Aussi tirer hors/à l'extérieur ou tirer au sort »[1] et « prendre, capturer, acheter, s'emparer, emporter, accepter, choisir »[2]. En d'autres termes, les familles devront ''tirer hors'' et ''choisir'' l'agneau. Cela s'explique du fait que leurs cheptels étaient situés très loin – de l'endroit où elles campaient – à Goshen parce que les Égyptiens avaient en abomination tous les bergers (cf. Gn 46, 34). Ces deux verbes traduisent deux actions alternatives et distinctes que doit poser chaque famille. Ils ont été compris dans la pensée juive comme suit : « Tirez vos mains de l'idolâtrie et prenez-vous un agneau et égorgez ainsi les dieux d'Égypte et faites la Pâque »[3]. L'obéissance aux commandements de YHWH à travers le choix de l'agneau aux caractéristiques indiquées en 12, 5 est en soi un acte de libération ; c'est-à-dire que tant qu'Israël adorera les dieux égyptiens il ne sera pas racheté (cf. Ez 20, 7-8). L'on comprend donc combien la dixième plaie d'Égypte est en lien avec l'idolâtrie. C'est aussi dans ce sens que le jugement que YHWH a exercé contre tous les dieux de l'Égypte au v. 12 peut s'expliquer. Et le choix que le peuple fait du vrai Dieu est un gage de liberté et de sa propre rédemption. Ce salut passe par le signe du sang.

---

[1] Cf. HALOT, II, 645-646.
[2] Cf. HALOT, II, 534.
[3] Cf. *Ex R.* 16, 2. Voir aussi *M^ekh. R. I. Pisḥa* 11, 5.

La tradition rabbinique émet un avertissement concernant une éventuelle mauvaise interprétation du v. 13 : וְהָיָה הַדָּם לָכֶם לְאֹת עַל הַבָּתִּים אֲשֶׁר אַתֶּם שָׁם וְרָאִיתִי אֶת־הַדָּם וּפָסַחְתִּי עֲלֵכֶם וְלֹא־יִהְיֶה בָכֶם נֶגֶף לְמַשְׁחִית בְּהַכֹּתִי בְּאֶרֶץ מִצְרָיִם׃. La *Mekhilta*, par exemple, s'interrogeant sur la redondance du substantif דָּם en ce verset, insiste sur le fait que le premier sang est un signe pour les Hébreux et pour YHWH et non pas un signe pour d'autres[1]. En effet, les Égyptiens adoraient le signe zodiacal de l'agneau. C'est pourquoi ils interdisaient l'abattage du bétail (cf. Ex 8, 22). C'est aussi pour cette raison qu'Israël doit abattre un agneau et rependre son sang sur ses portes en Égypte pour se purifier de cette idée et montrer ouvertement à YHWH son rejet de celle-ci. C'est la conviction d'Israël que ce qui avait été considéré comme mortel en Égypte devenait dorénavant la source de la délivrance[2]. Si le sens du premier דָּם renvoie à la rupture avec l'idolâtrie, celui du second דָּם évoque le עקדת יצחק (cf. Gn 22, 9) sur la base du principe midrashique du גזרה שווה qui veut que l'on lise וְרָאִיתִי אֶת־הַדָּם de l'Ex 12, 13 en rapport avec יִרְאֶה־לּוֹ הַשֶּׂה לְעֹלָה de Gn 22, 8 et יְהוָה יִרְאֶה de Gn 22, 14. Ces thématiques du choix pour Dieu et du sang de sacrifice qui libère le peuple en récompense de l'accomplissement d'un rite répugnant à l'adorateur des idoles[3] semblent passer en filigrane dans le récit de la Passion.

- ***La lecture du texte dans la perspective de Mt 27, 25***

Nous ne cesserons de souligner le caractère très expressif de la conscience des auteurs du NT de faire de leurs écrits la pleine réalisation des prophéties de l'AT.

[1] Cf. *M^ekh. R. I. Pisḥa* 7, 65.
[2] Cf. N. LEIBOWITZ, *Studies in Shemot (Exodus)*, I, 198.
[3] Cf. *M^ekh. R. I. Pisḥa* 7, 65.

Pour Mt, Jésus est l'accomplissement des Écritures. L'hypothèse d'un certain trait allusif de l'Ex en Mt que nous essayons de démontrer prouve combien Mt a relu l'histoire du salut accomplie par Jésus mort et ressuscité en référence au passé du peuple élu, lequel passé trouve sa signification et un éclairage nouveau dans l'accomplissement de ce dont il n'était que préfiguration[1].

S'inscrivant en faux contre la thèse de Méliton de Sardes qui dévalorise la Pâque juive avec l'avènement de Jésus[2], Brevard Childs rappelle que la compréhension chrétienne de la Pâque a toujours été dialectique, mais trop souvent le mouvement du NT vers l'AT a été oublié. Pour Childs, le NT fournit une garantie suffisante pour chercher à comprendre ce que la rédemption en Jésus Christ est au moyen du témoignage de la Pâque de l'AT. La liturgie de la Pâque témoigne de la nature rédemptrice des relations de Dieu avec Israël. L'insistance du NT sur le fait que la délivrance divine est une transformation spirituelle n'abroge pas le témoignage de l'AT[3]. Il en ressort qu'en Mt la rédemption acquise par le sang de Jésus appelé sur le peuple fait écho à la première rédemption du peuple au prix du sang de l'agneau placé sur les maisons. Le rapprochement allusif de la thématique de ces deux textes ne peut être une pure coïncidence. Il ne peut pas non plus être le résultat simpliste d'une imagination béate. Nous pensons que Mt a certes réalisé un travail herméneutique de fond de sorte que ses lecteurs informés de ces textes anciens y retrouvent des allusions possibles auxquelles son évangile renvoie.

Dans le contexte de la fête pascale qui revêt une signification salvatrice, l'implication du peuple ne saurait

---

[1] Cf. R. LE DEAUT, *La nuit pascale*, (AnBib 22), 307.
[2] Cf. M. DE SARDES, *Homélie pascale*, 43.
[3] Cf. B. S. CHILDS, *Exodus. A Commentary*, 213.

être évitée[1]. C'est ce que Mt a dû prouver quand il a rédigé 26, 5 et 27, 25. Il a voulu souligner, à la suite de l'Ex 12 décrivant la participation consciente du peuple juif à son propre salut obtenu grâce au sang de l'agneau, la présence effective du peuple dans le récit de la Passion. Comme l'a si bien fait remarquer Donald Senior, seul un examen attentif des thèmes et lexèmes de l'AT utilisés par Mt permet de comprendre correctement ce verset[2]. Le fait que Mt se réfère à des textes vétérotestamentaires en les citant ensemble n'est plus à démontrer. Nous avons déjà étudié, entre autres exemples, la combinaison que Mt fait des textes de Za 11, 12-13 et celui de Jr 18, 1-17 ; 19, 1-13 ; 32, 6-27 en Mt 27, 9-10. Il nous semble qu'il applique la même opération en Mt 27, 25 où la structure formelle de Js 2, 19 se recoupe avec le contexte d'Ex 12, 5-7. 13.

De part et d'autre, les deux textes font mention d'un signe de couleur écarlate/rouge qui doit être placé sur la maison (cf. Js 2, 18 et Ex 12, 13). Ensuite, Js 2 et Ex 12 décrivent deux environnements presque similaires : l'environnement extérieur et dangereux auquel les membres de la famille doivent se prémunir et l'environnement intérieur et sécurisé qui assure la protection de toute la famille. Dans les deux textes, enfin, nous pouvons relever le caractère contractuel : les espions en Js 2, 12-21 concluent un contrat avec Rahab assorti d'un serment. En Ex 12 YHWH – par une forme de serment qui rassure Israël de son intervention personnelle : « Je passerai… », « Je frapperai… », « J'exercerai des jugements… », « Je suis YHWH » (cf. Ex 12, 12) – pose les

---

[1] Cf. J. P. HEIL, *The Death and Resurrection of Jesus. A Narrative-Critical Reading of Matthew 26 – 28*, 75.

[2] Cf. D. SENIOR, *The Passion Narrative According to Matthew : A Redactional Study*, (BETL 39), 256. Voir aussi A. SAND, *Il vangelo secondo Matteo*, II, 844.

premiers actes de l'alliance avec son peuple qui sera ratifiée en Ex 24, 7-8.

C'est en fonction de ces trois facteurs qui relient le texte de Js 2, 19 à celui d'Ex 12, 5-7. 13 dont les allusions nous semblent être signalées en Mt 27, 25 que nous pouvons avancer sur la piste d'une possible interprétation de Mt 27, 25. Il nous semble que cette allusion aurait servi à Mt pour expliquer la signification du sang innocent de Jésus sur le peuple à travers la reprise des figures vétérotestamentaires du sang évoqué en contexte de la rédemption.

3.4. Conclusion

La technique juive qui consiste à expliquer le texte par d'autres textes de l'Écriture ou de rendre ces derniers plus clairs en rapprochant leurs contextes narratifs ou littéraires à ceux d'autres textes nous a permis d'évoquer certaines théories sur l'intertextualité. Nous avons établi que Mt 27, 25 entretiendrait un lien d'hypertextualité avec Ex 12, 5-7. 13 sur la base des allusions qui les rapprochent. Ce phénomène d'hypertextualité s'observe, entre autres, par le mécanisme de transformation que Mt fait de son hypotexte dans le texte de la Passion : de la Pâque de l'Exode à la Pâque du Christ ; de l'agneau à Jésus ; du sang de l'agneau au sang de Jésus ; de l'assemblée d'Israël à tout le peuple ; du sang sur la maison au « sang sur nous et sur nos enfants ». Nous avons pu observer également que la génération du nouveau texte de Mt partant de cette transformation ne supprime pas le lien thématique et événementiel que ces deux textes ont en commun autour des concepts ''Pâque'', ''sang'', ''peuple'' et ''maison'' tant au niveau extra-textuel, textuel que contextuel. L'application de l'analyse des éléments de l'arrière-fond juif d'un texte du NT nous a conduit à dégager deux figures allusives entre Ex et Mt : celles du *''passage rédempteur''* et du *''signe salvifique''*. Par ailleurs, l'étude de l'expression « τὸ αἷμα αὐτοῦ ἐφ' ἡμᾶς καὶ ἐπὶ τὰ τέκνα ἡμῶν » dans les Écritures a révélé le sémitisme de cette formule. Sa rétroversion hébraïque l'a davantage rapproché de la structure de Js 2, 19 dont les indices littéraires (signe sur la maison, les deux environnements extérieur et intérieur) renvoient au salut des familles des Hébreux en Ex 12, 1-14.

CONCLUSION

Un certain nombre de spécialistes du NT ont adhéré à l'idée que les évangiles, ainsi que quelques lettres de Paul, seraient des textes de tendance antijuive. Pour eux, cela est évident du fait que les récits de la Passion disculpent Pilate et chargent la responsabilité de la mort de Jésus sur les Juifs de toutes les générations. D'aucuns ont même considéré que certaines phrases de ce récit de deux derniers jours de Jésus sur terre sont légendaires voire non historiques mais insérées par les évangélistes afin d'inculper le peuple juif. Notre contact avec l'inscription au *Yad Vashem* reprise au seuil de ce travail a avivé notre intérêt pour cette problématique : est-ce vrai que l'œuvre des évangélistes est antisémite ? Parmi tous les textes du récit synoptique de la Passion, celui de Mt 27, 25 nous a semblé être un spécimen sur lequel nous pouvions mener une étude pouvant évaluer cette hypothèse. Du malentendu qu'il insinue nous espérons être parvenus à suggérer une clé de sa possible interprétation, par le biais du recours aux sources et à la tradition juive de l'interprétation de l'Écriture, afin de pouvoir lire le sens de ce terrible verset. Nous avons vu que la plupart de traductions, à l'exception de la *Vulg.*, ajoutent une copule à Mt 27, 25 afin de rendre la phrase grammaticalement complète. Cette application pourrait être susceptible des graves conséquences qui renvoient la responsabilité de l'effusion de sang de Jésus sur le peuple juif dans son ensemble et pour toujours.

La thèse que nous avons soutenue consiste à présenter Mt 27, 25 comme étant le verset clé pour la compréhension du récit matthéen de la Passion de Jésus en ce sens qu'il est plutôt une déclaration déprécative prononcée par ''tout le peuple'' pour qui le sang du Sauveur est livré comme gage de son salut. Ceci tient à condition que l'on distingue, comme Mt le fait d'ailleurs, la *foule* du *peuple*. Cette affirmation est tributaire de l'origine et de la nature du premier évangile d'une part, mais aussi du projet rédactionnel ainsi que de la théologie de Mt de l'autre part. Puisque nous estimons que les auteurs des évangiles, Paul avec, étaient des Juifs qui écrivaient et interprétaient les Écritures à la manière des Juifs, l'un des préalables pour interpréter convenablement leurs textes serait d'étudier en détail leur fondement biblique. Autrement dit, explorer le rapport qu'ils entretiennent avec l'Écriture. Ce qui suppose, entre autres, l'examen de la littérature péritestamentaire au sujet du texte étudié étant donné que l'influence de l'Écriture dans la formation du récit de Mt demeure tout de même très expressive.

Au terme de ce parcours, qu'il nous soit permis de reprendre ici quelques idées de Catherine Sider Hamilton qui considère que le point de référence de la littérature de l'ancien Israël, du judaïsme primitif ainsi que de l'évangile de Mt, est donc constitué par les récits fondateurs de l'Écriture et du monde qui y sont racontés. Pour cette auteure, Mt comme diverses œuvres du Second Temple et du rabbinisme, fonctionne non seulement avec des "échos de l'Écriture" mais comme une chambre d'écho. Ce qui signifie que derrière les mots de l'évangile de Mt se cachent tous les mots des Écritures et les mondes que ces mots créent. Derrière ces mots se trouvent également des traditions et des communautés de réflexion, des traditions dans lesquelles ces mots peuvent à leur tour jouer un rôle, des traditions qui, dans certains cas, ont trouvé leur place dans le canon et, dans d'autres cas, ne l'ont pas fait, mais qui jaillissent du canon et l'affectent néanmoins[1]. Nous récapitulons dans les lignes qui suivent

[1] Cf. C. S. HAMILTON, *The Death of Jesus in Matthew : Innocent Blood and the End of Exile*, (SNTSMS 167), 19.

les observations qui se sont dégagées au cours de notre recherche.

La compréhension du sens de Mt 27, 25 dépend de notre propre capacité à décrypter l'ensemble des signaux qui jalonnent toute la narration du premier évangile. Cet exercice nous a portés à la conclusion selon laquelle l'évangile de Mt est resté un texte foncièrement sémitique même dans ses différentes trois phases de rédaction. Ce texte conserve une certaine forme d'unité qui le caractérise. Par rapport à l'interprétation du sens de la phrase du peuple en Mt 27, 25, trois signaux nous ont servi de balises pour comprendre la prophétie sur le nom de Jésus (cf. Mt 1, 21) qui se réalise dans la trajectoire de son sang non vindicatif qui sera livré pour le salut (cf. Mt 23, 26). Cette vie donnée est symbolisée par la coupe de sang versé pour la multitude (cf. Mt 26, 28). Nous avons compris dans cette façon de disposer le matériel que Mt, dans sa rédaction, présente la vie de Jésus, c'est-à-dire ses faits et ses gestes avec une téléologie dont la dynamique va de la prophétie à son accomplissement.

Nous avons essayé aussi de montrer combien la construction d'une structure au premier évangile concourt à dénicher le message de son texte. Subdiviser en quatre blocs (1, 1 – 4, 16 ; 4, 17 – 16, 20 ; 16, 21 – 26, 1 ; 26, 2 – 28, 20), l'évangile de Mt révèle que la Passion, la Mort et la Résurrection de Jésus demeurent le dernier discours en acte que Jésus livre comme résumé du sens de sa mission : une mission rédemptrice pour le rachat de son peuple. Dans ce cas, le contexte pascal sert à juste titre de cadre approprié dans lequel se réalisera l'accomplissement de cette mission. Parmi les différentes sources qui ont servi Mt pour composer son récit de la Passion, nous avons cité le texte de Mc. À la différence de ce dernier, Mt insère trois interpolations propres (Mt 27, 3-10. 19. 25) qui ne sont pas fortuites mais qui déterminent en même temps sa vision de la mort rédemptrice de Jésus et de son sang qui sauve. Le thème du sang innocent évoqué dans ce contexte pascal en Mt nous a poussés à nous interroger sur le rapport qu'il entretiendrait avec le sang de l'agneau placé sur les maisons des Hébreux les épargnant et les sauvant de l'Égypte (cf. Ex 12, 1-14). Ceci nous a conduit logiquement à considérer la question de l'arrière-fond de Mt 27, 25.

Dans le rapport que nous avons établi entre les textes de l'Ex 12, 13 et de Mt 27, 25 sur la base d'un faisceau de convergences d'ordre thématique, lexical, stylistique et syntaxique certaines figures ont émergé. Deux d'entre elles ont retenu notre attention au point d'en préconiser un probable indice de référentialité allusive entre Mt 27, 25 et Ex 12, 13. Il s'agit de la figure du *''passage rédempteur de Dieu''* (Ex 12, 13 // Mt 26, 18. 28) et celle du *''signe salvifique sur le peuple''* (Ex 12, 7. 13 // Mt 27, 25). De ce fait, nous avons enfin émis l'hypothèse que le récit fondateur de l'Exode serait l'arrière-fond de Mt 27, 25. Ce rapprochement nous est rendu possible par le concours des théories sur l'hypertextualité, mais surtout au moyen des éléments d'analyse de l'arrière-fond vétérotestamentaire d'un texte du NT proposés par Frédéric Manns. Quatre mots-clés – Pâque, sang, peuple et maison – présents dans le récit de l'Exode mais repris et transformés dans la rédaction de la Passion matthéenne nous situent en face d'une transposition allusive, c'est-à-dire que Mt réemploie des termes d'un texte vétérotestamentaire dans le même ordre que ce dernier et l'applique dans son récit d'un événement de l'histoire du salut néotestamentaire, soucieux de faire comprendre à sa communauté, l'actualité de ce texte ancien[1]. Cette technique d'interprétation des

[1] Cf. M. TARADACH, *Le Midrash. Introduction à la littérature midrashique (Drš dans la Bible, les Targumim, les Midrašim)*, (MdB 22), 46.

textes pourrait révéler la réponse que Mt apporte à la question posée par sa communauté sur le sort des représentants du peuple juif dans leur participation à la condamnation de Jésus mais aussi sur la fonction du sang innocent de Jésus. La lecture de l'Ex et de Mt nous a montré que Mt a dû se servir de sa culture juive et des méthodes de son temps relatives à la compréhension et à l'interprétation des Écritures pour construire ces allusions. Les références de l'AT proches de Mt 27, 25 attestent que la déclaration du peuple traduit en première vue l'idée de la responsabilité dans la sphère du sang. Ironiquement, cette responsabilité joue au bénéfice du peuple qui se démarque de la foule et de ses dirigeants. À ce sujet, faudrait-il entamer une autre recherche qui se chargera d'étudier la fonction du vocable ''λαός'' par rapport à ''ὄχλος'' dans la dynamique narrative de l'ensemble du premier évangile ?

SIGLES ET ABRÉVIATIONS

Les abréviations des revues, collections, séries mais aussi des textes du *Targum*, de la littératures rabbiniques, apocryphes et des Manuscrits de la Mer Morte sont tirées de S. M. SCHWERTNER, *International Glossary of Abbreviations for Theology and Related Subjects. Periodicals, Series, Encyclopedia, Sources with Bibliographical Notes (IATG²)*, Berlin – New-York, 1992. D'autres abréviations ne s'y trouvant pas sont puisées dans P. H. ALEXANDER, *The SBL Handbook of Style : For Ancient Near Eastern, Biblical, and Early Christian Studies*, 1999. Pour les livres et citations bibliques nous avons suivi la *Bible de Jérusalem*. Traduite en français sous la direction de l'École Biblique de Jérusalem, Nouvelle édition entièrement revue et augmentée, Cerf, 1988.

11QT[a] : *Rouleau du Temple[a]*
1Ap : *Apologie pour les chrétiens I* (JUSTIN)
1QpHab : *Commentaire d'Habacuc*
2Ap : *Apologie pour les chrétiens II* (JUSTIN)
4QCommGen : *Commentaire sur Genèse*
4QD[a] : *Document de Damas[a]*
4QFlor : *Florilegium (or Eschatological Midrashim)*
4QJub[a] : *Jubilés*
4QLevi : *Testament de Lévi*
4QTest : *Testimonia*
A. J. : *Antiquitates Judaicae*
Ad Eph. : *Épitre aux Éphesiens*
Ad Magn. : *Épitre aux Magnesiens*
Ad Philad. : *Épitre aux Philadelphiens*
Ad Smyrn. : *Épitre aux Smyrniotes*
Aen. : *Aeneid*
Aj. : *Ajax*
AnBib : Analecta Biblica
AnGr : Analecta Gregoriana
Ann. : *Annales*

ANTC : Abingdon New Testament Commentaries
ap. : après
ASBF : Analecta Studium Biblicum Franciscanum
AST : *Annual of the Swedish Theological Institute*
AT : Ancient Testament
Aug. : *Divus Augustus*
AUS : American University Studies
av. : avant
b. : *Talmud Bavli (Babylone)*
B. Bat. : *Baba Batra*
B. J. : *Bellum Judaicum*
B. Qam. : *Baba Qamma*
Barn. : *Épitre de Barnabé*
BDAG : *A Greek-English Lexicon of the New Testament and other Early Christian Literature*
BDB : *The Brown-Driver-Briggs Hebrew and English Lexicon.*
BDR : *Grammatica del Greco del Nuovo Testamento.*
BECNT : Baker Exegetical Commentary on the New Testament
Bell. civ. : *Bella Civilia*
Berakh. : *Berakhot*
BEST : La Bible en ses Traditions
BEthL : Bibliotheca Ephemeridum Theologicarum Lovaniensum
Bib : *Biblica*
BiBi [B] : Biblioteca Biblica
BTC : Biblioteca di Teologia Contemporanea
BThSt : Biblisch-Theologische Studien
Caes. : *Caesar*
CahRB : Cahiers de la Revue Biblique
CBQ : *The Catholic Biblical Quarterly*
Cf. : Confer
ChiSt : *Chicago Studies*
CSSC : Centro Studi Sanguis Christi
CTNT : Commentario Teologico del Nuovo Testamento
CurTM : *Currents in Theology and Mission*
DCH : *The Dictionary of Classical Hebrew.*
De civ. Dei : *De Civitate Dei*
Did. : *Didachè*
DJD : Discoveries in the Judaean Desert
Dt R. : *Deutéronome Rabba*
DunRev : *Dunwoodie Review*
ECC : Eerdmans Critical Commentary
ed. : Éditeur
eds. : Éditeurs

ES : Études Syriaques
et al. : et autres
EThL : *Ephemerides Theologicae Lovanienses*
EThSt : Erfurter Theologische Studien
ETR : *Études Théologiques et Religieuses*
EvNic. : *Évangile apocryphe de Nicodème*
Ex R. : *Exode Rabba*
ExpT : *The Expository Times*
Frg. Tg. : *Targum Fragmentaire*
FV : *Foi et Vie*
GLAT : *Grande Lessico dell'Antico Testamento*
Gn R. : *Genèse Rabba*
H. E. : *Histoire Ecclésiastique*
Ḥag. : *Ḥagigah*
HALOT : *The Hebrew and Aramaic Lexicon of the Old Testament.*
HaM : *Hallische Monographien*
Hist. : *Historiae*
Hom. in Matth. :
ICC : The International Critical Commentary
ID. : Idem
Il. : *Iliade*
In Matt. : *Commentariorum in Mattheaum* (JÉRÔME)
InB : Initiations Bibliques
IRT : Issues in Religion and Theology
J.C. : Jésus Christ
JBL : *Journal of Biblical Literature*
JSNT : *Journal for the Study of the New Testament*
KI : Kirche und Israel
KSL : Konzepte der Sprach-und Literaturwissenschaft
LA : Liber Annuus du SBF
LD : Lectio Divina
Let. Aris. : *Lettre d'Aristé*
LR : Le Livre et le Rouleau
LXX : Septuaginta
m. : *Mishna*
MdB : Le Monde de la Bible
Mdr Ps : *Midrash des Psaumes*
Me'il. : *Me'ilah*
M^e^kh : *Mekhilta*
M^e^kh R. I. : *Mekhilta de Rabbi Ishmael*
Mid. : *Middot*
Midr Qoh. : *Midrash de Qohelet*
Mos. : *De vita Mosis*

Mss : Manuscrits
Mut. Nom. : *De Mutatione Nominum*
n. : note
n° : numéro
NA[28] : NESTLE – ALAND 28th ed.
NB : *New Blackfriars*
Nb R. : *Nombres Rabba*
NICNT : The New International Commentary on the New Testament
NT : Nouveau Testament
NT : *Novum Testamentum*
NTAbh : Neutestamentliche Abhandlungen
NTD : Das Neue Testament Deutsch
NTM : New Testament Monographs
NTOA : Novum Testamentum et Orbis Antiquus
NTS : *New Testament Studies*
orig. : original
Pessaḥ. : *Pessaḥim*
Pirqe R. E. : *Pirqe Rabbi Éliézer*
QE : *Quaestiones et solutiones in Exodum*
Qidd. : *Qiddušin*
RB : *Revue Biblique*
RHPhR : Revue d'Histoire et de Philosophie Religieuse
RHR : *Revue de l'Histoire et des Religions*
RSR : *Revue des Sciences Religieuses*
s : siècle
Sanh. : *Sanhedrin*
SB : Studi Biblici
SBF : Studium Biblicum Franciscanum
SBG : Studies in Biblical Greek
SBS : Stuttgarter Bibelstudien
SE : *Studia Evangelica*
Šeqal. : *Šeqalim*
Shab. : *Shabbat*
SNT : Studies in the New Testament
SNTSMS : Society for New Testament Studies Monograph Series
SP : Sacra Pagina
Spec. : *De specialibus legibus*
ST : *Studia Theologica*
t. : *Tosephta*
Test. Job : *Testament de Job*
Test. Jos. : *Testament de Joseph*
Tg. 1Chr : *Targum de 1Chronique*
Tg. Neof. : *Targum Neofiti*

Tg. Onq. : *Targum Onqelos*
Tg. Ps.-J. : *Targum Pseudo-Jonathan*
Theol. : *Theology*
ThH : *Théologie Historique*
TLOT : *Theological Lexicon of the Old Testament.*
TM : Textes Massoretiques
TS : *Theological Studies*
TübZTh : *Tübinger Zeitschrift für Theologie*
TynB : *Tyndale Bulletin*
v. : verset
vol. : volume
VS : Verbum Salutis
VT : *Vetus Testamentum*
Vulg. : *Vulgate*
vv. : versets
WBC : Word Biblical Commentary
y. : *Talmud Yerushalmi (Palestinien)*
ZNW : *Zeitschrift für die Neutestamentliche Wissenschaft*

BIBLIOGRAPHIE

Sources

ATTRIDGE H. et al., *Qumran Cave 4. VIII : Parabiblical Text, Part 1*, (DJD XIII), Clarendon, 2003.

BROOKE A. L. – MCLEAN N., *The Old Testament in Greek According to the Text of Codex Vaticanus, Supplemented from Other Uncial Manuscripts, with a Critical Apparatus Containing the Variants of the Chief Ancient Authorities for the Text of the Septuagint*. Vol. I. The Octateuch. Part II. Exodus and Leviticus, Cambridge, 1909.

ELLIGER K. – RUDOLPH W. (ed.), *Biblia Hebraica Stuttgartensia*, Stuttgart, Deutsche Bibelgesellschaft, 1997.

La Bible de Jérusalem, Paris, Cerf, 1988.

NESTLE E. & E. – ALAND B. & K. – KARAVIDOPOULOS J. – MARTINI C. M. – METZGER B. M. (ed.), *Novum Testamentum Graece*, 28th ed, (NA^{28}) Stuttgart, Deutsche Bibelgesellschaft, 2012.

RAHLFS A. – HANHART R., *Septuaginta* (edition altera), Stuttgart, Deutsche Bibelgesellschaft, 2006.

Instruments

ACCORDANCE BIBLE SOFTWARE v. 13. 3. 1. (Altamonte Springs, FL 2022).

ALETTI J.-N. et al., *Vocabulaire raisonné de l'exégèse biblique. Les mots, les approches, les auteurs*, Paris, 2013.

BLASS F. – DEBRUNNER A. – REHKOPF F., *Grammatica del Greco del Nuovo Testamento*. (BDR), Coll. Introduzione allo studio della Bibbia, éd. Plaideia supplementi 2, Brescia, 1997.

BROWN F., *The Brown-Driver-Briggs Hebrew and English Lexicon*. (BDB), Oxford, 1907.

CHIORRINI E., *Corso di Greco biblico*, (ASBF 93), Milano, 2022.

CHRUPCAŁA L. D., *Il vangelo di Matteo : analisi sintattica*, (ASBF 92), Milano, 2022.

CIGNELLI L. – PIERRI R., *Sintassi di Greco biblico (LXX e NT). Quaderno 1. A Le concordanze*, (ASBF 61), Jerusalem, 2003.

CLINES D. J. A., *The Dictionary of Classical Hebrew*, IV: י – ל, (DCH), Sheffield, 1998.

COMMISSION BIBLIQUE PONTIFICALE, *L'interprétation de la Bible dans l'Église*, Paris, 1994.

DANKER F.-W., *A Greek-English Lexicon of the New Testament and other Early Christian Literature*[3]. (BDAG), The University of Chicago Press, Chicago-London.
GEIGER G., *Introduzione all'aramaico biblico*, (ASBF 85), Milano, 2018.
GREIMAS A. J. – COURTES J., *Sémiotique. Dictionnaire raisonné de la théorie du langage*, Paris, 1979.
HOFFMANN P. – HIEKE T. – BAUER U., *Synoptic Concordance*, I-IV ; ALAND K. (ed.), *Synopsis Quattuor Evangeliorum*, Stuttgart, 1996.
https://www.bibletraditions.org/
https://www.copticchurch.net/bible?r=Matthew+27&version=SVD&showVN=1.
JENNI E. – WESTERMANN C., *Theological Lexicon of the Old Testament*. (TLOT).
JOÜON P., *Grammaire de l'hébreu biblique*[2], Rome, 1996.
KOEHLER L. – BAUMGARTNER W., *The Hebrew and Aramaic Lexicon of the Old Testament*. (HALOT), Leiden, Cologne, New-York, 2000.
MURAOKA T., *A Syntax of Septuagint Greek*, Leuven-Paris-Bristol, 2016.
PIERRI R., *Lessico del Nuovo Testamento per radici*, (ASBF 84), Milano, 2017.
SOKOLOFF M., *A Syriac Lexicon*, 2009.
VEGLIANTI T., *Dizionario teologico sul Sangue di Cristo*, (CSSC), Città del Vaticano, 2007.
VENARD O.-T. (ed.), *La Passion selon saint Matthieu. Matthieu 26 – 28*, (BEST), Leuven, Paris, Bristol, 2021.
WEINGREEN J., *Grammatica di ebraico biblico*, Milano, 2011.

Commentaires

ALLEN W. C., *Gospel according to St. Matthew*, 1922.
ATTINGER D., *Evangelo secondo san Matteo*, Roma, 1995.
BACON B. W., *Studies in Matthew*, London, 1930.
BROWN R. E., *The Birth of the Messiah : A Commentary on the Infancy Narratives in the Gospels of Matthew and Luke*, New-York, 1993.
CAZEAUX J., *L'évangile selon Matthieu. Jérusalem entre Bethléem et la Galilée*, Paris, 2009.
CHARPENTIER E. – LE POITTEVIN –LEGASSE S., *Lettura del vangelo di Matteo*, Assisi, 1975.
CHILDS B. S., *Exodus. A Commentary*, London, 1974.

DA SPINETOLI O., *Matteo. Il vangelo della chiesa*, Assisi, 1973.
DAVIES W. D. – ALLISON D. C., *A Critical and Exegetical Commentary on The Gospel According to Saint Matthew*, III, (ICC), Edinburgh, 1988.
–, *The Gospel according to Saint Matthew*, I, (ICC), Edinburgh, 1988.
FABRIS R., *Matteo*, Roma, 1982.
FRANCE R. T., *The Gospel of Matthew*, (NICNT), Michigan, 2007.
GAECHTER P., *Das Matthäus-Evangelium*, Innsbruck, 1963.
– , *Die literarische Kunst im Matthäus-Evangelium*, (SBS 7), Stuttgart, 1965.
GARBINI G., *Il vangelo aramaico di Matteo*, (SB 188), Torino, 2017.
GNILKA J., *Das Matthäusevangelium*, II, Freiburg im Breisgau, 1988.
–, *Il Vangelo di Matteo*, II, (CTNT), Brescia, 1991.
GRILLI M., *Scriba dell'Antico e del Nuovo. Il Vangelo di Matteo*, Bologna, 2011.
GUNDRY R. H., *Matthew*, Michigan, 1994.
HAGNER D. A., *Matthew 1 – 13*, I, (ICC 33A-33B), Dallas, Texas, 1993.
–, *Matthew 14 – 28*, II, (WBC 33B), Dallas, Texas, 1993.
HAHN S., *Gospel of Matthew : Commentary, Notes and Study Questions*, California, 2011.
HARRINGTON D. J., *Il Vangelo di Matteo*, (SP 1), Torino, 2005.
JOÜON P., *L'Évangile de Notre-Seigneur Jésus-Christ. Traduction et commentaire du texte original grec, compte tenu du substrat sémitique*, (VS V), Paris, 1930.
KEENER C. S., *A Commentary on the Gospel of Matthew*, Michigan, 1999.
KINGSBURY J. D., *Matteo. Un racconto*, (BiBi [B] 23), Brescia, 1998.
–, *Matthew. Structure, Christology, Kingdom*, Minneapolis, 1989.
LAGRANGE M.-J., *Évangile selon saint Matthieu*, Paris, 1923.
LUZ U., *Matthew 21 – 28*, Minneapolis, 2005.
MAGGIONI B., *Il racconto di Matteo*, Assisi, 1986.
MCNEILE A. H., *The Gospel according to St. Matthew*, Michigan, 1980.
MELLO A., *Évangile selon Saint Matthieu. Commentaire midrashique et narratif*, (LD 179) ; orig. ital., *Evangelo secondo Matteo. Commento midrashıco e narrative*, Paris, 1999.
MEYNET R., *La Pasqua del Signore*, Bologna, 2001.
NOLLAND J., *The Gospel of Matthew*, Cambridge, 2005.
ORIGÈNE, *In Matt.*
RIGAUX B., *Testimonianza del vangelo di Matteo*, Padova, 1969.
SAND A., *Il vangelo secondo Matteo*, II, Bescia, 1992.

SCHWEIZER E., *Das Evangelium nach Matthäus*, (NTD 2), Göttingen, 1981.
–, *Matteo e la sua comunità*, Brescia, 1987.
SENIOR D., *Matthew*, (ANTC), Nashville, 1998.
– , *The Passion Narrative According to Matthew : A Redactional Study*, (BETL 39), Leuven, 1975.
STANTON G., *The interpretation of Matthew*, (IRT 3), London, 1983.
STRACK H. L. – BILLERBECK P., *Kommentar zum Neuen Testament aus Talmud und Midrasch*, I, München, 1961.
TRILLING W., *Il vero Israele*, orig. en allemand, *Das wahre Israel* (EThSt 7), Casale Monferrato, 1992.
TURNER D. L., *Matthew*, (BECNT), 2008.
WILSON W. T., *The Gospel of Matthew*, II, (ECC), Michigan, 2022.

Études

BOISMARD M.-É., *L'Évangile selon Matthieu d'après le papyrus copte de la collection Shøyen-Analyse littéraire*, (CahRB 55), Paris, 2003.
BOTTINO A., « Sangue e anthropologia biblica in S. Gregorio Nisseno », VATTIONI F. (ed.), *Sangue e Anthropologia Biblica nella Patristica*, Rome, 1982.
BROWN R. E., « Les récits de la Passion de Jésus et l'antijudaïsme», *Istina* 42, 1997, 237-243.
–, *La mort du Messie. Encyclopédie de la Passion du Christ*, Bayard, 2005.
–, *La morte del Messia*, (BTC 108), Brescia, 2003.
BYRSKOG S., « A New Quest for the *Sitz im Leben* : Social Memory, the Jesus Tradition and the Gospel of Matthew », *NTS* 52, 2006, 319-336.
CARGAL T. B., « "His Blood be Upon Us and Upon our Children" : A Matthean Double Entendre? », *NTS* 37, 1991, 101-112.
CLARK K. W., « The Gentile Bias in Matthew », *JBL* 66, 1947, 165-172.
CROSSAN D. M., « Anti-Semitism and the Gospel », *TS* 26, 1965, 189-214.
CROSSAN J. D., *Who killed Jesus? Exposing the Roots of Anti-Semitism in the Gospel Story of the Death of Jesus*, New-York, 1996.
CUVILLIER E., « Références, allusions et citations. Réflexions sur l'utilisation de l'Ancien Testament en Matthieu 1 – 2 », CLIVAZ C. et al., *Écritures et réécritures. La reprise interprétative des*

traditions fondatrices par la littérature biblique et extra-biblique, (BEthL 248), Leuven, Paris, Walpole, 2012.

DAHL N. A., « The Passion narrative in Matthew », DAHL N. A., *Jesus in the Memory of the Early Church*, Philadelphia, 1983.

DAVIES W. D., *The Setting of the Sermon on the Mount*, Cambridge, 1964.

FARRER A. M., « On Dispensing with Q », NINEHAM D. E. (ed.), *Studies in the Gospels : Essays in Memory of R. H. Lightfoot*, Oxford, 1955.

FASCHER E., « Das Weib Des Pilatus (Matthäus 27, 19) », *HaM* 20, 1951, 5-31.

FITZMYER J. A., « Anti-Semitism and the Cry of "All the People" (Mt 27 : 25) », *TS* 26, 1965, 667-671.

–, « The Use of Explicit Old Testament Quotations in Qumran », *NTS* 7, 1960-61, 297-333.

FLUSSER D., « Two Anti-Jewish Montages in Matthew », ID. (ed.), *Judaism and the Origins of Christianity*, Jerusalem, 1988.

FRANKEMÖLLE H., *Jahwe-Bund und Kirche Christi. Studien zur Form-und Traditionsgeschichte des "Evangeliums" nach Matthäus*, (NTAbh 10), 1974, 204-211.

GATHERCOLE S., « The Earliest Manuscript Title of Matthew's Gospel (BnF Suppl. gr. 1120 ii 3/ 𝔓[4]) », *NT* 54, 2012, 209-235.

GOULDER M. D., « Summary of the Hypothesis in Is Q a Juggernaut? », *JBL* 115, 1996, 667-670.

GREEN H. B., « The Structure of St. Matthew's Gospel », *SE* IV, 1967, 47-59.

GUNDRY R. H., *The Use of the Old Testament in St. Matthew's Gospel, with Special Reference to the Messianic Hope*, Leiden, 1967.

HAACKER K., « "Sein Blut uber uns" : Erwägungen zu Matthäus 27, 25" », *KI I*, 1986, 47-50.

HAELEWYCK J.-C., « Les vieilles versions syriaques des évangiles », ID. (ed.), *Le Nouveau Testament en syriaque* (ES 14), 2017, 67-113.

HAMILTON C. S., « "His Blood be Upon Us" : Innocent Blood and the Death of Jesus in Matthew », *CBQ* 70, 2008, 82-100.

–, *The Death of Jesus in Matthew : Innocent Blood and the End of Exile*, (SNTSMS 167), Cambridge, 2017.

HARLE P. A., « "Son sang sur nous et sur nos enfants" (Matthieu 27, 25) », *FV* 52, 2003, 33-39.

HEIL J. P., *The Death and Resurrection of Jesus. A Narrative-Critical Reading of Matthew 26 – 28*, Minneapolis, 1991.

HOFFMAN L. A., « A Symbol of Salvation in the Passover Seder », BRADSHAW P. F. – HOFFMAN L. A. (eds.), *Passover and Easter. The Symbolic Structuring of Sacred Seasons*, VI, ,109-131.

ISIDORO DA ALATRI, *Responsabilità giudaica nella Crocifissione di Cristo*, Roma, 1962.

ITO A., « Matthew and the Community of the Dead Sea Scrolls », *JSNT* 48, 1992, 23-42.

JAFFE D., « Les Sages du Talmud et l'Évangile selon Matthieu », *RHR*, 2009, 583-611.

JOHNSTON J. W., *The use of Πᾶς in the New Testament*, (SBG 11), New-York, 2004.

JOOSTEN J., « Le Diatessaron syriaque », HAELEWYCK J.-C. (ed.), *Le Nouveau Testament en syriaque* (ES 14), 2017, 55-66.

KALIMI I., « The Story about the Murder of the Prophet Zachariah in the Gospels and Its Relation to Chronicles », *RB* 116, 2009, 246-261.

KAMPLING R., *Das Blut Christi und die Juden. Mt 27, 25 bei den lateinischsprachigen christlichen Autoren bis zu Leo dem Großen*, Münster, 1984.

KILPATRICK G. K., *The Origins of the Gospel According to St. Matthew*, Oxford, 1946.

KOCH K., « Der Spruch ''Sein Blut bleibe auf seinem Haupt'' und die israelitische Auffasung vom vergossenen Blut. », *VT* 12, 1962, 396-416.

–, « hātā », *GLAT*, II, 2000, 907-921.

KOSMALA H., « His Blood on Us and our Children (The Background of Matt. 27, 24-25) », *AST* I7, 1970, 94-126.

KVALBEIN H., « Has Matthew abandoned the Jews? », KVALBEIN H. – ANAN J. (eds.), *The Mission of The Early Church To Jews And Gentiles*, 2000, 45-62.

LAQUEUR W., *The Changing Face of Anti-Semitism : From Ancien Times to the Present Day*, Oxford, 2008.

LE DEAUT R., « À propos d'une définition de Midrash », *Bib* 50, 1969, 395-413.

–, *La nuit pascale*, (AnBib 22), Rome, 1963.

LEGASSE S., *Le procès de Jésus. Histoire*, (LD 156), Paris, 1994.

LEIBOWITZ N., *Studies in Shemot (Exodus)*, I, Jerusalem, 1981.

LIGHTFOOT J., *Horæ hebraicæ et talmudicæ*, II, Oxford, 1859

LODGE J. G., « Matthew's Passion-Resurrection Narrative », *ChiSt* 25, 1986, 3-20.

LOVSKY F., « Comment comprendre ''Son sang sur nous et nos enfants'' », *ETR* 62, 1987, 343-362.

–, *Antisémitisme et mystère d'Israël*, Paris, 1969.

LUZ U., *Das Evangelium nach Matthäus 26 – 28*, Düsseldorf, 2002.
–, *La storia di Gesù in Matteo*, (SB 134), Brescia, 2002.
– , *Matthew in History : Interpretation, Influence, and Effects*, Minneapolis, 1994.
MACCOBY H., « Jesus and Barabbas », *NTS* 16, 1970, 55-60.
MANNS F., « Les Mots à double entendre », *LA* 38, 1988, 39-57.
–, « Lire les Écritures en Église », *RSR* 69, 1995, 436-452.
–, *Études johannique*, Napoli, 2021.
–, *Le Judaïsme*, (ASBF 36), Jérusalem, 1992.
– , *Le Midrash. Approche et commentaire de l'Écriture*, Jérusalem, 1990.
–, *Une approche juive du Nouveau Testament*, (InB), Paris, 1998.
MARTI A., « Heil oder Gericht : Das Blut Christi in zwei Werken von Heinrich Schütz », BROUWER F. – LEAVER R. A. (eds.), *Ars et musica in liturgia : Essays Presented to Casper Honders*, Honolulu, 1994.
MCKNIGHT S., *Jesus and His death : Historiography, the Historical Jesus and Atonement Theory*, Baylor, 2005.
MCNAMARA M., *Targum and Testament Revisited : Aramaic Paraphrases of the Hebrew Bible : A Light on the New Testament*, Michigan-Cambridge, 2010.
MEIER J., *The Vision of Matthew*, New-York, 1979.
MENNINGER R. E., *Israel and the Church in the Gospel of Matthew*, (AUS 162), Bern, 1994.
MICHELINI G., *Il sangue dell'alleanza e la salvezza dei peccatori. Una nuova lettura di Mt 26 – 27*, (AnGr 306), Roma, 2010.
MILER J., *Les citations d'accomplissement dans l'évangile de Matthieu. Quand Dieu se rend présent en toute humanité*, (AnBib 140), Roma, 1999.
MOFFITT D. M., « Righteous bloodshed, Matthew's Passion Narrative, and the Temple's Destruction : Lamentations as a Matthean Intertext », *JBL* 125, 2006, 299-320.
MONTEFIORE C. G., *The Synoptic Gospels*, II, London, 1909.
MORA V., *Le refus d'Israël : Matthieu 27, 25*, (LD 124), Paris, 1986.
MOSCICKE H. M., « Jesus, Barabbas, and the Crowd as Figures in Matthew's Day of Atonement Typology (Matthew 27:15-26) », *JBL* 139, 2020, 125-153.
MUNARI M., *Il compimento della Torah. Gesù e la Scrittura in Mt 5, 17-48*, (ASBF 81), Milano, 2013.
NEIRYNCK F., « ΑΠΟ ΤΟΤΕ ΗΡΞΑΤΟ and the Structure of Matthew », *EThL* 64, 1988, 21-59.

NIEUVIARTS J., *L'entrée de Jésus à Jérusalem (Mt 21, 1-17). Messianisme et accomplissement des Écritures en Matthieu,* (LD 176), Paris, 1999.
NODET E., « Le meurtre de Zacharie fils de Barachie (Mt 23, 35) », *RB*, 2010, 430-434.
OVERMAN J. A., *Matthew's Gospel and Formative Judaism : The Social World of the Matthean Community*, Minneapolis, 1990.
PFISTERER R., « "Sein Blut komme über uns..'' », MARSCH W.-D. – THIEME K. (eds.), *Christen und Juden*, 1961, 19-37.
PHILONENKO M., « Le sang du Juste (1Hénoch 47, 1. 4 ; Matthieu 27, 24) », *RHPhR* 73, 1993, 154-177.
PITRE B., *Jesus and the Last Supper*, Cambridge, 2015.
QUINN J. F., « The Pilate sequence in the Gospel of Matthew », *DunRev* 10, 1970, 154-177.
REVENTLOW H. G., « ''Sein Blut komme uber sein Haupt.'' », *VT* 10, 1960, 311-327.
ROTHFUCHS W., « Die *Erfüllungszitate* des Matthäus-Evangelium », *Beiträge zur Wissenschaft vom Alten und Neuen Testament* 88, Stuttgart, 1969.
ROUTLEDGE R., « Passover and Last Supper », *TynB* 53, 2001, 203-221.
SALDARINI A. J., « The Gospel of Matthew and the Jewish-Christian Conflict », BALCH D. (ed.), *Social History of the Matthean Community*, Minneapolis, 1991.
–, *Matthew's Christian-Jewish Community*, Chicago, 1994.
SANDERS W., « Das Blut Jesu und die Juden. Gedanken zu Matt. 27, 25 », *Una Sancta* 27, 1972.
SCHELKLE K. H., « Die ''Selbstverfluchung'' Israels nach Matthaus 27, 23-25 », ECKERT W. P. et al. (eds.), *Antijudaismus im Neuen Testament?*, 1967, 148-156.
SENIOR D., « Matthew's Special Material in the Passion Story. Implications for the Evangelist's Redactional Technique and Theological Perspective », *EThL* 63, 1987, 272-294.
SKEAT T. C., « The Oldest Manuscript of the Four Gospels? », *NTS* 43, 1997, 1-34.
SMITH R. H., « Matthew 27 : 25 : The Hardest Verse in Matthew's Gospel », *CurTM* 17, 1990, 421-428.
SOLTAU W., « Zur Entstehung des ersten Evangeliums », *ZNW* 1, 1900, 219-248.
STEINS G., « Mose, dazu die Propheten und David. Tora, Torauslegung und Kanonstruktur im Lichte der Chronikbücher », STEINS G. – TASCHNER J., *Kanonisierung – die Hebräische Bibel im Werden*, (BThSt 110), Neukirchen, 2010.

STENDAHL K., *The School of St. Matthew and its Use of the Old Testament*, Uppsala, 1967.

SULLIVAN D., « New Insights into Matthew 27 : 24-25 », *NB* 73, 1992, 453-457.

TARADACH M., *Le Midrash. Introduction à la littérature midrashique (Drš dans la Bible, les Targumim, les Midrašim)*, (MdB 22), Genève, 1991.

VAN TILBORG, *Jewish Leaders in Matthew*, Leiden, 1972.

VIVIANO B. T., *Matthew and his world : The Gospel of the Open Jewish Christians studies in biblical theology*, (NT 61), Fribourg, 2007.

WALTER C. – KAISER Jr., *The Uses of the Old Testament in the New*, Chicago, 1985.

WINTER P., *On the Trial of Jesus*, Berlin, 1961.

WORTHEN J. F., « Difficult Texts : Matthew 27 : 25 », *Theol.*, vol. 118, 2015, 354-356.

WRATISLAW A. H., « The Scapegoat-Barabbas », *ExpT*, III, 1892, 400-403.

– , *Barabbas the Scapegoat, and other Sermons and Dissertations*, London, 1859.

WÜTHRICH S., *Naître de mourir. La crucifixion de Jésus dans l'Évangile de Matthieu. Lecture sémiotique*, Paris, 2013.

ZSOLT K., *Der Blutruf (Mt 27, 25). Skizze einer schweizerischen Wirkungsgeschichte 1900-1950*, 2007.

ZUMSTEIN J., « Antioche sur l'Oronte et l'Évangile selon Matthieu », *Miettes exégétiques* (MdB 25), Genève, 1991.

Autres études

ALLISON D. C., *New Moses. A Matthean Typology*, Minneapolis, 1993.

AUGUSTIN, *Commentaire du Ps 50*, (BA 59/B).

– , *Contra Faustus*, (CSEL 25/2).

AUWERS J. M, BURNET R., LUCIANI D. (eds.), *L'antijudaïsme des Pères*, *ThH* 125, Paris, 2017.

BARTHELEMY D., *Dieu et son image. Ébauche d'une théologie biblique*, Paris, 1963.

BAUM G., *Les Juifs et l'Évangile*, (LD 41), Paris, 1965.

BLACK M., *An Aramaic Approach to the Gospels and Acts*, Oxford, 1967.

BLANCHETIERE F., *Enquête sur les racines juives du mouvement chrétien (30-135)*, Paris, 2001.

BLOCH A. B., *The Biblical and Historical Background of the Jewish Holy Days*, New-York, 1978.
BROWN R. E., *Que sait-on du Nouveau Testament ?*, Paris, 1997.
BRUSTEIN W. I., *Roots of Hate. Anti-Semitism in Europe Before the Holocaust*, Cambridge, 2003.
BURNEY C. F. , *Our Translated Gospels*, 1936.
– , *The Poetry of Our Lord : An Examination of the Formal Elements of Hebrew Poetry in the Discourses of Jesus Christ*, Oxford, 1925.
– , *The Translations Made from the Original Aramaic Gospels*, 1912.
CARMIGNAC J., *La naissance des Évangiles synoptiques*, Paris, 1984.
CASEY M., *An Aramaic Approach to Q : Sources for the Gospels of Matthew and Luke*, (SNTSMS 122), Cambridge, 2002.
CAVICCHIA A., *« ...E abbiamo contemplato la sua gloria... ». Esegesi del prologo giovanneo (Cf. Gv 1, 1-18)*. Dispense ad uso esclusivo degli studenti che hanno partecipato al corso dell'a.a. 2021-22.
CHILTON B., *A Galilaean Rabbi and his Bible: Jesus own Interpretation of Isaiah*, London, 1984.
CLEMENT DE ROME, *Lettre aux Corinthiens*, (SC 167).
COSTA J., *La Bible racontée par le midrash*, Paris, 2004.
DALMAN G., *Die Worte Jesu*, Leipzig, 1965.
DE SARDES M., *Homélie pascale*,
DERRETT J. D. M., « Midrash, Haggadah, and the Character of the Community », *SNT* III, 1982, 184-192.
FLUSSER D., « The Jewish-Christian Schism », ID. (ed.), *Judaism and the Origins of Christianity*, Jerusalem, 1988.
–, *Le fonti ebraiche del cristianesimo delle origini*, Milano, 2005.
GÄRTNER B., « The Habakkuk Commentary (DHS) and the Gospel of Matthew », *ST* 8.
GENETTE G., *Figures III*, Paris, 1972.
–, *Palimpsestes. La littérature au second degré*, Paris, 1982.
GENINASCA J., *La Parole littéraire*, Paris, 1997.
GILLMAYR-BUCHER S., « Intertextuality: Between Literary Theory and Text Analysis », BRODIE T. L. et al. (eds.), *The Intertextuality of the Epistles: Explorations of Theory and Practice* (NTM 16), Sheffield, 2006.
GRELOT P., *Évangiles et tradition apostolique*, Paris, 1984.
HAWKINS J., *Horæ synopticæ*, London, 1909.
HAYS R. B., *Echoes of Scripture in the Letters of Paul*, London, 1989.
ISAAC J., *L'antisémitisme a-t-il des racines chrétiennes ?*, Paris, 1960.
JEAN-CHRYSOSTOME (347-407), *Adversus Judaeos*, I.
JEREMIAS J., *Golgotha*, Leipzig, 1926.
–, *La théologie du Nouveau Testament*, Paris, 1973.
–, *Paroles de Jesus*, (LD 38), Paris, 1963.

JÉRÔME (345-419), *In Esaiam* (CCSL 73A) ; *In Danielem* (CCSL 75A) ; *In Abacuc* (CCSL 76A) ; *In Hieremiam* (CCSL 74A) ; *In Mattheaum* (CCSL 77).

JOHNSON P., *A History of the Jews*, New-York, 1988.

KRAUSS H. J., *Gottesdienst in Israel*, München, 1962.

KRISTEVA J., « Le mot, le dialogue et le roman », Σημειωτικη, Paris, 1968.

KÜMMEL W.-G., *Introduction to the New Testament*, Abington, 1996.

LUSTIGER J.-M., *La Promesse*, Paris, 2002.

MAYENOWA M. R., « Expressions guillemetées : contribution à l'étude de la sémantique du texte poétique », VAN SCHOONEVELD C. H., *Signe, Langue, Culture. Studia Memoriae Nicolai Van Wijk dedicata*, Paris, 1970.

MEIER J. P., *Un certain juif Jésus. Les données de l'histoire*, I, Paris, 2004.

MEIER J. P., *Un certain juif Jésus. Les données de l'histoire*, III, Paris, 2004.

NOTH M., *Histoire d'Israël*, Paris, 1954.

PFISTER M., « Konzepte der Intertextualität », BROICH U. – PFISTER M. (eds.), *Intertexualität. Formen Funktionen, anglistische Fallstudien* (KSL 35), Tübigen, 1985.

PIEGAY-GROS N., *Introduction à l'intertextualité*, Paris-Dunod, 1996.

PIXNER B., *Avec Jésus à travers la Galilée d'après le Cinquième Évangile*, Corazin, 1992.

PLETT H. F., « Intertextualities », ID. (ed.), *Intertextuality*, Berlin-New-York, 1991.

RESSEGUIE J. L., *L'exégèse narrative du Nouveau Testament*, (LR 36), Bruxelles, 2009.

RICCIOTTI G., *La vita di Gesù Cristo*, Milano-Roma, 1941.

STREETER B. H., *The Four Gospels*, London, 1924.

VALERIUS MAXIMUS, *Facta et dicta memorabilia*, I.

VON RAD G., *Theologie des Alten Testaments*, I, München, 1969.

VORSTER W. S., « Intertextuality and Redaktionsgeschichte », DRAISMA S. (ed.), *Intertextuality in Biblical Writings*, Kampen, 1989.

WEREN W., *Intertextualiteit en bijbel*, Kampen, 1993.

www.holywar.org

ZAHN T., *Einleitung in das neue Testament*, II, Leipzig, 1898.

TABLE DES MATIÈRES

Structures éditoriales du groupe L'Harmattan

L'Harmattan Italie
Via degli Artisti, 15
10124 Torino
harmattan.italia@gmail.com

L'Harmattan Hongrie
Kossuth l. u. 14-16.
1053 Budapest
harmattan@harmattan.hu

L'Harmattan Sénégal
10 VDN en face Mermoz
BP 45034 Dakar-Fann
senharmattan@gmail.com

L'Harmattan Cameroun
TSINGA/FECAFOOT
BP 11486 Yaoundé
inkoukam@gmail.com

L'Harmattan Burkina Faso
Achille Somé – tengnule@hotmail.fr

L'Harmattan Guinée
Almamya, rue KA 028 OKB Agency
BP 3470 Conakry
harmattanguinee@yahoo.fr

L'Harmattan RDC
185, avenue Nyangwe
Commune de Lingwala – Kinshasa
matangilamusadila@yahoo.fr

L'Harmattan Congo
219, avenue Nelson Mandela
BP 2874 Brazzaville
harmattan.congo@yahoo.fr

L'Harmattan Mali
ACI 2000 - Immeuble Mgr Jean Marie Cisse
Bureau 10
BP 145 Bamako-Mali
mali@harmattan.fr

L'Harmattan Togo
Djidjole – Lomé
Maison Amela
face EPP BATOME
ddamela@aol.com

L'Harmattan Côte d'Ivoire
Résidence Karl – Cité des Arts
Abidjan-Cocody
03 BP 1588 Abidjan
espace_harmattan.ci@hotmail.fr

Nos librairies en France

Librairie internationale
16, rue des Écoles
75005 Paris
librairie.internationale@harmattan.fr
01 40 46 79 11
www.librairieharmattan.com

Librairie des savoirs
21, rue des Écoles
75005 Paris
librairie.sh@harmattan.fr
01 46 34 13 71
www.librairieharmattansh.com

Librairie Le Lucernaire
53, rue Notre-Dame-des-Champs
75006 Paris
librairie@lucernaire.fr
01 42 22 67 13

www.ingramcontent.com/pod-product-compliance
Lightning Source LLC
LaVergne TN
LVHW010430230826
846092LV00009BA/1113
* 9 7 8 2 3 3 6 4 2 4 2 5 5 *